Wieland Lehmann

WIR vom Jahrgang 1939

Kindheit und Jugend

Wartberg Verlag

Impressum

Bildnachweis:

S. 4, 6 r, 12 l, 56 r: Dieter Köhler, Metzingen; S. 5, 6 l, 46 r, 54: Wieland Lehmann, Metzingen; S. 7 r: Hildegard Kohnen, Brühl; S. 7 l, 22, 26 u: Lieselotte Langhammer, Nürtingen-Raidwangen; S. 8, 23, 35, 47 o, 49 re. ob.: Gustav Hildebrand; S. 9 o, 25, 47 u, 49 u, 63: Rosemarie Schäfer, Metzingen; S. 9 u, 14 o: Roland Fleck, Metzingen; S. 10, 17, 19 u, 31, 36, 48, 51, 55 l, 60: ullstein bild; S. 12 r, 38 o, 39: Dieter Ernst, Metzingen; S. 13, 62: Dieter Vogel, Metzingen; S. 15: Deutsches Historisches Museum, Berlin; S. 16: Eugen Sauter; S. 18: Just Bergner, Jena; S. 19 o: Kulturgeschichtliches Museum, Osnabrück; S. 20 o: Christof Pfau, Mannheim; S. 20 u, 28: Klaus Meier-Ude, Frankfurt am Main; S. 21 o: Stadtarchiv Magdeburg; S. 26 o: Else Auer, Metzingen; S. 27, 50: Presse-Bild Oscar Poss; Siegdorf; S. 29, 43; 44 o: Georg Schmidt, Bremen; S. 30: Dietlinde Plümer, Zierenberg; S. 32 o: Sächsische Landesbibliothek, Staats- und Universitätsbibliothek Dresden, Abteilung Deutsche Fotothek; S. 36: Landesmedienzentrum Baden-Württemberg, Fotoarchiv; S. 37: Percy Ruf, Berlin; S. 40 l: Klaus Hitzel, Lich; S. 40 r: Georg Fruhstorfer; S. 46 l, 57 l, 57: Gerlinde Erzel, Metzingen; S. 49 l: Stadtarchiv Wiesbaden; S. 53: Jutta Völmecke, Kürten; S. 55 o, 61 u: Karl-Heinz Schilling, Langenhagen; S. 59 l: Else Auer, Metzingen; S. 59 r: Stadtarchiv Gladbeck

Weitere Bilder wurden folgenden Publikationen entnommen:

S. 14 u: Das Jenaer Fotoalbum der vierziger und fünfziger Jahre von Frank Döbert, Wartberg Verlag, S. 7 oben; S. 39 u; S. 34: Wir sind die Jungen der 50er und 60er Jahre von Bernd Storz, Wartberg Verlag, S. 3, 27 l; S. 38: Unsere Kindheit und Jugend in den 50er Jahre von Norbert Schmidt, Wartberg Verlag, S.13; S. 41: Ranzen, Roller, Rasselbande. Unsere Kindheit in den 50er Jahren von Jochen Müller, Wartberg Verlag, S. 24; S. 44 u: Unser Leben in den 50er Jahren im Ermstal und auf der Alb von Wieland Lehmann, Wartberg Verlag, S. 13; S. 45: Wir sind die Jungen der 50er und 60er Jahre von Bernd Storz, Wartberg Verlag, S. 26, 27; S. 61 o: Wir sind die Mädchen der 50er und 60er Jahre von Sabine Scheffer, Wartberg Verlag, S. 36

Wir danken allen Lizenzträgern für die freundliche Abdruckgenehmigung.
In Fällen, in denen es nicht gelang, Rechtsinhaber an Abbildungen zu ermitteln,
bleiben Honoraransprüche gewahrt.

8. Auflage 2009
Alle Rechte vorbehalten, auch die des auszugsweisen
Nachdrucks und der fotomechanischen Wiedergabe.
Gestaltung und Satz: Ravenstein und Partner, Verden; S. Voßwinkel, Berlin
Druck: Hoehl-Druck Medien + Service GmbH, Bad Hersfeld
Buchbinderische Verarbeitung: Buchbinderei Büge, Celle
© Wartberg Verlag GmbH & Co. KG
34281 Gudensberg-Gleichen • Im Wiesental 1
Telefon: 0 56 03/9 30 50 • www.wartberg-verlag.de
ISBN: 978-3-8313-1539-0

Liebe 39er!

Ja, so war das damals. Dieser Satz, belustigt, nachdenklich oder bestimmt artikuliert, ist zu hören, wenn es um Erinnernswertes geht. Das kann sowohl eine erfreuliche, ja lustige Begebenheit sein, als auch eine schwere, gefahrvolle Zeit. Bei unserem Jahrgang 1939 fiel beides zusammen. Was wussten wir Kinder schon von den Sorgen der Eltern, wir wurden geliebt, waren umsorgt, entdeckten die kleine Welt. Wie schwer es war, blieb zunächst unserem Verständnis verborgen. Mit zunehmenden Jahren nahmen wir diese Seite des Lebens zwar etwas bewusster wahr, doch es veränderten sich auch die Umstände.

Nicht jedes individuelle Schicksal kann Eingang in ein Buch finden. Manches wird man wiederentdecken, was nicht mehr in Erinnerung ist, manches wird vielleicht die eigene Kenntnis bereichern, anderes kann auch überraschen. Und viele Menschen unseres Jahrgangs werden sich an ganz besondere, nur sie betreffende Erlebnisse und Ereignisse zurückerinnern. Doch jeder, der dieses Buch zur Hand nimmt, wird erneut oder nun noch bewusster ermessen können, was Eltern auf sich genommen haben, um uns Kindern eine lebenswerte und bessere Zukunft zu geben.

Jedes Jahr hat seine Besonderheiten, vor allem ist es dann für den Menschen von größerer Wichtigkeit als andere Jahre, wenn er in diesem Jahr geboren ist. Immerhin wird der Geburtstag in jedem Jahr mehr oder weniger aufwändig gefeiert. Wir, die wir 1939 geboren wurden, können uns nicht an dieses Jahr zurückerinnern. Wir haben davon nur durch die Erzählungen der Eltern, Großeltern und Verwandten Kenntnis genommen. Auch so mancher Blick ins Familienalbum half, unsere ersten Lebensjahre ins Bewusstsein zu bringen. Und doch legte uns gerade dieses Jahr einen besonderen Lebensweg in die Wiege: 1939 begann der Zweite Weltkrieg.

Kriegszeit und Nachkriegszeit waren der Zeitraum unserer Kindheit und Jugend. Und wer weiß, wie so manches unserer Schicksale verlaufen wäre, wenn es diesen Krieg nicht gegeben hätte. Doch Spekulationen helfen nicht, wir wurden in diese Zeit geboren, und von ihr auch geprägt. Wer denkt nicht manchmal an die Ermahnungen unserer Eltern, mit den Nahrungsmitteln sorgsam umzugehen und sich an die schwere Zeit zu erinnern? Wer hat nicht schon mal seinen Kindern gesagt, welche Entbehrungen wir in unserer Kindheit auf uns nehmen mussten? Aber es war eine Kindheit, die auch schön war, an die wir uns gern erinnern.

Wieland Lehmann

Wieland Lehmann

Erste Erfahrungen aus der Geborgenheit

Das 1. bis 3. Lebensjahr

Behütet und verwöhnt

Tief waren sie, die Kinderwagen, die Räder nur klein, der Korpus hoch. Ein recht großes Verdeck schützte uns vor Sonne und leichtem Regen. Schick waren die aus Korb. So mussten sich die Bewunderer schon herunterbeugen, um uns in Augenschein zu nehmen. Da wusste noch niemand, dass der Kinderwagen einmal ein wichtiges Transportmittel oder sogar ein Tauschobjekt in der Notzeit werden würde. Braute sich da im Weltgeschehen etwas zusammen? Es würde sich schon zum Guten wenden. Jetzt ging es erst einmal um unser Wohl. Wir mussten gestillt, gewickelt, beruhigt und bekleidet werden. Und mit zunehmenden Jahren wurde uns der Schnuller oder das Daumenlutschen auf ganz unterschiedliche Art abgewöhnt. Von Zahnspangen wusste damals noch niemand etwas. Wir lernten krabbeln und richtig sitzen, machten mit elterlicher Hilfe die ersten Schritte, bis wir schließlich allein laufen konnten. Unser Ent-

Erstaunter Blick aus sicherer Deckung

Chronik

30. Januar 1939
Hitler erklärt im Kriegsfalle die „Vernichtung der jüdischen Rasse in Europa".

15. Mai 1939
In Ravensbrück entsteht ein Konzentrationslager für Frauen.

28. Juli 1939
Der erste Einheitsfernseher wird bei der Eröffnung der Rundfunkausstellung präsentiert.

1. September 1939
Überfall auf Polen, Beginn des Zweiten Weltkrieges.

25. September 1939
Einführung von Lebensmittelkarten.

9. April 1940
Die Deutsche Wehrmacht marschiert ohne Kriegserklärung in Dänemark und Norwegen ein.

10. Mai 1940
Einmarsch der Wehrmacht in die neutralen Länder Niederlande, Belgien, Luxemburg.

15. Oktober 1940
In New York wird Charlie Chaplins Film „Der große Diktator" uraufgeführt.

12. Mai 1941
Der Ingenieur Konrad Zuse stellt die erste programmgesteuerte Rechenmaschine vor.

4. Juni 1941
Im Exil in Doorn stirbt Wilhelm II. im Alter von 82 Jahren.

19. September 1941
Alle Juden über sechs Jahre müssen den gelben Judenstern tragen.

31. Oktober 1941
In Berlin wird der erste deutsche Farbfilm „Frauen sind doch bessere Diplomaten" mit Marika Rökk vorgestellt.

11. Dezember 1941
Hitler verkündet die Kriegserklärung an die USA.

Hallo, hier bin ich

deckungsdrang konnte sich nun auf einen größeren Radius ausweiten. Unsere Eltern waren darum bemüht, uns zu behüten und zu beschützen.

Wir wurden natürlich hübsch angezogen. Vor allem Gestricktes zierte uns, sowohl Mädchen als auch Jungen. Wenn unser bewusstes

Na, wie seh' ich aus?

1. bis 3. LEBENSjahr

Geschwisterlich bestrickt *Auf der ersten Pirsch*

Aufnahmevermögen noch weiter zurückreichen würde, könnten wir uns sogar an das Klappern der Stricknadeln in den Abendstunden erinnern. Auf unseren Kinderbildern zeigt sich: Das Ergebnis mütterlichen und großmütterlichen Fleißes konnte sich sehen lassen. So bestrickt machten wir ganz sicher bei Verwandten und Bekannten einen hervorragenden Eindruck.

Braun ist nicht nur eine Farbe

Was konnten wir in dieser Zeit aus unserem Kinderwagen sehen? Das Leben verlief für uns so normal, wie für Kinder dieses Alters in jeder Zeit. Graue, braune oder schwarze Uniformen bevölkerten die Straßen. In Erzählungen aus dieser Zeit wurde uns auch schon mal vermittelt, dass die schwarzen besonders schmuck aussahen. Wir und die meisten unserer Eltern wussten nichts von dem, welcher Tätigkeit viele Männer darin letztlich nachgingen. Und waren die Braunen, wie wir später erfuhren, nicht weniger gefährlich? Wenn sie durch die Straßen marschierten, standen so manche unserer Mütter mit dem Kinderwagen am Straßenrand. Wir konnten gar nicht wissen, dass man mit aller Gewalt gegen Kommunisten, Zigeuner und Homosexuelle vorging. Die Deportation der Juden in die Vernichtungslager war für uns noch viele Jahre später unbegreiflich. Eine ganze Gesinnung wird man später als braun bezeichnen. Was und wie viel wussten unsere Eltern davon?

Es war eine Zeit des Befehlens und Gehorchens, eine Zeit, in der brutal Macht ausgeübt wurde, und eine Zeit der Angst. Die Mächtigen hatten ihren Blick auch auf uns Kinder gerichtet. Wir sollten in das System eingeordnet werden. Unsere größeren Geschwister, die

Nicht angetreten, sondern aufgestellt

Rationierung und Schwarzmarkt

Der Beginn des Zweiten Weltkrieges war zugleich der Anfang der Rationierung von Lebensmitteln. Über Lebensmittelkarten zugemessene Rationen waren eine Regelung, um alle Reserven für den Krieg zu mobilisieren. Nach Beendigung des Krieges mussten die Lebensmittel aber erst recht rationiert werden, um wenigstens eine allgemeine Versorgung der Menschen zu sichern und die größte Not zu lindern. Vor allem in den meisten größeren Orten, Gemeinden und Städten war die Lebensmittellage katastrophal. Aber nicht nur Brot, Milch, Fleisch, Fett, Zucker, sondern auch Seife, Waschpulver und Bekleidung gab es auf Karten bzw. Bezugsscheine. Daneben etablierte sich ein Schwarzmarkt, bei dem nicht nur getauscht wurde, sondern auch Lebensmittel und Waren zu außerordentlich überhöhten Preisen zu haben waren. Wurden die Rationen mit der Zeit auch etwas größer, so verloren die Lebensmittelkarten und Bezugsscheine erst mit der am 20. Juni 1948 erfolgten Währungsumstellung von der alten Reichsmark auf die neue D-Mark in den Westzonen ihre Berechtigung. Plötzlich gab es über Nacht wieder Dinge zu kaufen, die man tags zuvor noch vergebens in den Geschäftsauslagen gesucht hatte. In der sowjetischen Besatzungszone führte die Einführung der Handelsorganisation (HO) zum freien Verkauf von Lebensmitteln zu erhöhten Preisen und damit zur schrittweisen Abschaffung der Karten.

in der HJ oder dem BdM organisiert waren, weckten zwar, wenn sie zum Dienst gingen, in ihrer Aufmachung unser Interesse. Doch das war auch alles. Es gehörte eben zum normalen Alltag. Wer von den Erwachsenen Verhaftungen oder Abtransporte zu sehen bekam, der schwieg besser, erfuhren wir viel später. Und uns Kindern erklärte man zu dieser Zeit schon gar nichts. Wurde der Volksempfänger angeschaltet, klangen bedeutsame Musik, viele Reden, doch auch Hörspiele oder Unterhaltungsmusik durch das Zimmer. Manchmal nahmen wir wahr, dass der Ton aus dem Radio ganz leise klang. Dass man „feindliche Sender" hören konnte, was streng verboten war, erfuhren wir erst viel später. Wir jedenfalls freuten uns am Spiel. Und da wurde auch gezielt geschossen – natürlich ganz gefahrlos. Wer uns Kindern in kriegerischer Zeit ziviles Spiel ermöglichen wollte, konnte das natürlich auch tun.

Schulklasse 1945/1946, notdürftig untergebracht

Ordnung, Disziplin, Sauberkeit

Auf dem Weg zum Erwachsenen sind Kinder und Jugendliche zu jeder Zeit prägenden Einflüssen ausgesetzt, vor allem die Erziehung der Eltern und Lehrer wirkt sich lebenslang aus. Und da zeigt sich, dass sich bei jedem Jahrgang wenn auch nicht grundsätzliche, so doch leicht differenzierte Ziele und Wege verfolgen lassen. Nicht umsonst konnte der Begriff „Preußische Tugenden" in der Zeit des Nationalsozialismus einen besonderen Platz gewinnen, ging es doch um die Erziehung einer Jugend, die gehorsam einem Führer folgt und sich selbst völlig einer Gemeinschaft unterordnet, deren Ideale durch propagandistische und verführerische Parolen letztlich doch bindend erscheinen konnten.

Doch was konnte solcherart Einfluss auf einen Jahrgang haben, der zur Zeit des Schweigens der Waffen des Krieges erst sechs Jahre alt geworden war oder gerade wurde?

Die ersten Lebensjahre waren durch den Krieg geprägt worden, in einer Zeit, in der die Väter an der Front waren, die Mütter die ganze Last des Erhalts der Familie zu leisten hatten. Konnte man ihnen verdenken, dass sie sich besonders um ihren Nachwuchs Sorgen machten? Natürlich galten die „bewährten" Erziehungsgrundsätze. Ordnung, Disziplin, Höflichkeit, Sauberkeit gehörten einfach dazu.

Mit dem Kriegsende wandelten sich die Verhältnisse grundsätzlich. So genannte intakte Familien gab es nur noch wenige. Entweder waren die Väter im Krieg geblieben, oder sie waren vermisst oder noch nicht aus der Gefangenschaft zurückgekehrt. Die Mütter hatten sich um die nackte Existenz zu kümmern. Viele Kinder hatten gar keine Eltern mehr. So war durch die unterschiedlichen familiären und persönlichen Verhältnisse auch das Einwirken auf die Heranwachsenden mehr oder weniger oder überhaupt nicht erfolgreich.

Es gehörte sich für die Jungen, einen Diener bei einer Begrüßung zu machen, die Mädchen machten einen Knicks. Die Haare waren ordentlich gescheitelt oder frisiert. Die Jungen nahmen in der kalten Jahreszeit ihre Mütze beim Grüßen ab, die Väter lüfteten ja auch ihre Hüte. Man wusste, was sich gehörte, was die Leute redeten, verhielt man sich nicht so, wie es sein sollte. In der Schule konnte man schon mal eine Kopfnuss, ein schmerzhaftes Drehen der Ohrmuschel oder einen Schlag auf die Hände erhalten, je nachdem, welchen Lehrer oder welche Lehrerin man hatte. Auch das Stehen in einer Ecke, das Nachsitzen und Strafarbeiten waren zum Teil beliebte Drangsalierungen der Lehrer. Da zeigte sich auch, welche Vergangenheit die Lehrer vor 1945 hatten.

Doch es gab auch diejenigen Schüler, die sich viel herausnehmen konnten, die sich nicht darum kümmern mussten, was sie zu Hause erwartete. In den großen Städten bildeten sich ganze Banden von Kindern und Jugendlichen, die sich auf dem Schwarzmarkt auskannten, die wussten, wo man einen Unterschlupf in den Trümmern findet, die sich einer auch noch so überraschenden Kontrolle geschickt entziehen konnten.

Unter all diesen unterschiedlichen Bedingungen und Einflüssen entwickelte sich eine Generation, die letztlich eine Entwicklung mitvollzogen hat, auf deren Grundlagen eine demokratische Ordnung etabliert werden konnte.

Der Papa auf kurzem Besuch

Und wo ist Vater?

Wohin ging der Vater, der sich in einer grauen Uniform verabschiedete? Warum gab es deshalb Tränen? Er sollte doch bald wieder da sein. Nach dem Aufschwung, der zunehmenden Beschäftigung mit der Sicherung des Lebensunterhalts der Familie kamen also neue Herausforderungen auf unsere Väter zu. Auf den so hochgelobten Autobahnen rollten die Militärfahrzeuge. Die Männer wurden gebraucht. Ohne Soldaten gibt es keinen Krieg. Die meisten von ihnen hatten Familie. Die Einberufung bedeutete Trennung. Froh war der, der noch nicht betroffen war. Doch wer gehen musste, dem fiel der Abschied von uns und unseren Müttern schwer. Jeder hoffte, dass die Trennung nicht zu lange dauert, dass man bald wieder vereint unsere Entwicklung begleiten konnte. Die Hoffnung stirbt zuletzt.

Kam ein Brief von der Front (was verstanden wir eigentlich wirklich von dieser Formulierung?) war das ein besonderer Tag. So mancher Mutter standen die Tränen in den Augen. Kamen unsere Väter auf Heimaturlaub, war das ein richtiges Fest. Wer war der uniformierte Mann? Wir wurden in die Arme genommen und stolz von Mutter und Vater im Kinderwagen geschoben. Unsere ersten Schritte wurden erfreut zur Kenntnis genommen, die ersten Worte oder Sätze bejubelt. Das Leben war doch ganz in Ordnung. Doch es folgte auch bald wieder der Abschied. Wer kann es eigentlich noch heute ermessen, wieviel Stärke unsere Mütter dabei aufbringen mussten? Ein Feldpostbrief war immer ein Lebenszeichen, eine erneute Hoffnung. Wie sollte es weitergehen, wenn statt eines Feldpostbriefes die Nachricht vom Tod des geliebten Mannes und Vaters eintraf?

Uniformen gehörten zur Familie

Widerstand

Hitler zujubelnde Menschen bestimmten das offizielle Bild der Zeit des Nationalsozialismus. Doch das war nur eine Seite des Lebens in Deutschland. Bereits mit der Machtübernahme durch die Nazis kamen Sozialdemokraten und Kommunisten in Konzentrationslager. Die Verfolgung der Gegner dieser Diktatur nahm unvorstellbare Ausmaße an. Doch in gleicher Weise wuchs der Widerstand mutiger Männer und Frauen. Vielerorts bildeten sich Widerstandsgruppen, deren Mitglieder aus allen sozialen Schichten und politischen Lagern kamen. Die Widerstandsgruppen verbreiteten Flugschriften und Klebezettel gegen den Nationalsozialismus und unterstützten rassisch und politisch Verfolgte. Einige dieser Gruppen in Berlin, die rund 50 Frauen und über 100 Männer umfassten, wurden von der Geheimen Staatspolizei (Gestapo) mit dem Sammelbegriff „Rote Kapelle" belegt. An der Münchner Universität leisteten Sophie und Hans Scholl mit ihren Freunden Widerstand. Seine christliche Gesinnung führte den evangelischen Theologen Dietrich Bonhoeffer in die Reihen der aktiven Gegner der Nazis. Einen Höhepunkt erreichte der Widerstand mit dem Attentat auf Hitler am 20. Juli 1944 durch Claus Schenk Graf von Stauffenberg mit dem „Kreisauer Kreis". Die Frauen und Männer des Widerstandes wurden zu Vorbildern für Mut und Standhaftigkeit gegen jegliche Diktatur.

Karamellbonbons und Haferflockenplätzchen

Die Härte des Krieges machte sich in der Heimat nicht nur durch die Abwesenheit vieler Väter bemerkbar. 1941 wurde die Fleischration gekürzt und Reichskleiderkarten wurden eingeführt. Die Sorge um die Ernährung wurde dringender. Unsere Mütter erinnerten sich an alte Rezepte, wurden erfindungsreicher. In der Zeitung wurden Ratschläge zu sparsamem Verbrauch der Nahrungsmittel gegeben. „Karamellbonbons" konnte man selber machen. Wasser auf dem immer wichtiger werdenden Küchenherd heiß gemacht, Zucker rein, etwas Fett und vielleicht auch Milch – das ergab eine gebräunte Masse, die mit dem Löffel auf dem heißen Herd in kleine Portionen verteilt wurde. Besonders eignete sich dazu der blanke Rand des Herdes. Die so entstandenen Bonbons waren eine wunderbare Leckerei. Dem standen die Haferflockenplätzchen nicht nach. Für das immer dunkler und spröder werdende Brot brauchte man einen Aufstrich. Zuckersirup eignete sich dazu hervorragend. Zuckerrüben wurden geputzt, geschnitten und in großen Töpfen gekocht. Kessel im Waschhaus waren für größere Mengen ideal. Da musste ständig bei der Heizung nachgelegt und gerührt werden. Wer am Tag arbeitete, stand in der Nacht am Herd oder in der Waschküche. Süß war der Sirup und die damit geschmierte Brotscheibe schmeckte uns köstlich.

Auch an der Bekleidung musste gespart werden. Die Näh-, Schneider- und Strickarbeiten waren für unsere Mütter eine weitere Herausforderung. Sie arbeiteten vor allem in der Küche, die immer mehr zum am meisten genutzten Aufenthaltsraum wurde. Da war es warm, denn auch das Heizmaterial wurde knapper, und man konnte es sich nicht mehr leisten, alle Zimmer zu heizen. Besonders gemütlich wurde es, wenn bei der Arbeit auch die Nachbarinnen dabei waren und eine Tasse Malzkaffee getrunken wurde. Und für uns Kinder war es immer interessant, dabeizusitzen, zu spielen und auch aufmerksam den Gesprächen der Frauen zuzuhören, obwohl wir das meiste gar nicht verstanden.

Der Phantasie gefolgt

Womit haben wir als Vierjährige gespielt? Bausteine, Holzautos, Puppen, bunter Ball, Panzer und Soldaten, Gekauftes und Gebasteltes – das Spektrum der Gegenstände unserer Spiellust war breit. Haben wir das Hakenkreuz oder besondere Hoheitszeichen dabei wirklich bewusst wahrgenommen? Wohl kaum. Uns kam es darauf an, unseren Phantasien freien Lauf zu geben. Natürlich war die Welt der Erwachsenen unser Vorbild für kindliche Übertragung. Doch immer noch galt das Spiel, das ungezwungene, unangepasste Spiel. Wenn wir so ganz im Spiel versunken waren, dann war ein Ruf, eine Ermahnung der Eltern eine lästige Störung, was wir auch manchmal rigoros zum Ausdruck brachten.

Natürlich musste nach dem Spiel aufgeräumt werden, schließlich gab es bei den Spielsachen einiges, was auch wir unbedingt geschützt wissen wollten. Sorgsam gingen wir mit allem um, war das wirklich ungewöhnlich? Vielleicht war uns unbewusst der Wert klar? So mancher von uns hat sogar noch etwas von den damaligen Sachen in seinem Besitz oder wird irgendwo

darauf aufmerksam. Nein, überreichlich waren unsere damaligen Schätze keinesfalls, doch wir waren glücklich und zufrieden. Warum waren einige von uns eigentlich zutiefst betrübt, als ihnen nach dem Krieg der Zinnsoldat, der Panzer, das Geschütz, das Pferde zogen, das Holzgewehr weggenommen und vernichtet wurden? Für uns waren das Spielsachen, für so manchen Erwachsenen galten sie als unheilvolle Vorboten oder weckten unerwünschte Erinnerungen.

Prominente 39er

8. Feb.	**Tina Turner,** amerikanische Rocksängerin
18. März	**Peter Kraus,** Sänger, Schauspieler, Entertainer
31. März	**Volker Schlöndorf,** Regisseur
7. April	**Francis Ford Coppola,** Regisseur, Produzent, Drehbuchautor
15. April	**Claudia Cardinale,** Schauspielerin
3. Mai	**Helmut Thoma,** österreichischer Medienmanager
4. Mai	**Amos Oz,** israelischer Schriftsteller
18. Mai	**Hark Bohm,** Regisseur und Schauspieler
2. Juli	**Rex Gildo** (Ludwig Alexander Hirtreiter) Sänger
14. Juli	**Karel Gott,** Sänger, Schauspieler
17. Juli	**Milva** (Maria Ilva Biolcati), italienische Sängerin
2. Okt.	**Ursula Karusseit,** Schauspielerin und Regisseurin
5. Okt.	**A. R. Penk,** bildender Künstler
9. Nov.	**Björn Engholm,** SPD-Politiker
18. Nov.	**Margaret Eleanor Atwood,** kanadische Schriftstellerin

Vom Spiel zum Ernst des Lebens

Das 4. bis 6. Lebensjahr

Rollern, Kreiseln, Reifen treiben und andere Spiele

Womit vertrieben wir Vierjährigen uns die Zeit? Beim Spiel natürlich, was sonst. Und das war umso schöner, wenn wir auf die Straße konnten. Da konnten wir unserem Bewegungsdrang Ausdruck verleihen. Mit einem Roller kamen wir richtig in Schwung. Der war natürlich aus Holz und die Räder kannten noch keine Luftbereifung. Aber was machte das schon. Wir waren mobil und konnten zeigen, was wir in den Beinen hatten. Doch noch schneller waren wir auf zwei Beinen, wenn wir neben uns einen Reifen mit einem Stöck-

Im ersten Auto mit Beifahrer

Auf etwas anderem Kriegspfad

Chronik

1. Januar 1942
26 Staaten unterzeichnen in Washington den „Pakt der Vereinten Nationen".

20. April 1942
Frauen werden in Deutschland zur Arbeit in Rüstungsbetrieben verpflichtet.

3. Oktober 1942
In Peenemünde gelingt der erste Start einer A4-Rakete, der V2. Es ist die erste Fernrakete der Welt.

8. Oktober 1942
In Berlin wird der Film „Wir machen Musik" mit Ilse Werner und Victor de Kowa uraufgeführt.

30. Januar 1943
Kapitulation der deutschen 6. Armee bei Stalingrad.

11. Februar 1943
Die Fünfzehnjährigen werden als Luftwaffenhelfer rekrutiert.

18. Februar 1943
Goebbels verkündet im Berliner Sportpalast den „totalen Krieg".

1. April 1943
Uraufführung des Films „Karneval der Liebe" mit Johannes Heesters.

19. April 1943
Beginn des Aufstands im Warschauer Ghetto.

15. Juni 1943
Ganze Schulklassen werden wegen der Bombenangriffe geschlossen verlegt.

6. Juni 1944
Die Alliierten beginnen in der Normandie mit 6000 Schiffen die Invasion in Westeuropa.

20. Juli 1944
Bombenattentat der Widerstandsgruppe um Stauffenberg auf Hitler scheitert.

25. September 1944
Alle wehrfähigen Männer zwischen 16 und 60 Jahren werden zum Volkssturm erfasst.

Mit Tempo in die nächsten Jahre

4. bis 6. LEBENSjahr

chen vor uns hertreiben konnten. Eine alte Fahrradfelge eignete sich dazu vorzüglich, denn man konnte das Stöckchen in die für den Schlauch gedachte Rille schieben und brauchte die Felge nur geschickt genug schieben. Ob Roller oder Reifen – beides eignete sich hervorragend für das Kräftemessen mit den Nachbarskindern.

Ruhiger ging es schon beim Kreiseln zu. Die Kreisel waren aus Holz mit einer metallenen Spitze. Ein Stock für eine Peitsche fand sich, und ein Stück Schnur, nicht zu dick, nicht zu dünn, konnten wir auch immer auftreiben. War es schon ein Vergnügen, dem Kreisel den nötigen Schwung zu geben, so lag der Ehrgeiz darin, ihn so zu treffen, dass er tanzend und surrend über das Pflaster fegte.

Spaziergang in mütterlicher Begleitung

Beliebt war das Spiel „Räuber und Gendarm". Da war nicht nur unsere Bewegung gefordert, wir konnten uns auch aussuchen, mit wem wir gern zusammen sein wollten. Auch beim Völkerball kam es darauf an, mit wem wir uns gut verstanden.

War das Wetter schlechter, dann waren für die Mädchen die Puppen und die Puppenstube der besondere Anziehungspunkt, für die Jungen waren das eine Ritterburg, Bleisoldaten oder eine kleine Eisenbahn, die man aufziehen konnte und die auf Schienen fuhr. Eine elektrische Eisenbahn war für die meisten von uns ein unerfüllbarer Traum. Und wenn wir sie bei einer bekannten Familie bewundern konnten, war das das Größte. Auch kleine Modelle von Dampfmaschinen, Hammerwerken, die richtig in Gang gesetzt werden konnten, begeisterten uns. Und wer gar ein kleines Auto erhielt, das mit den Beinen in Bewegung gebracht wurde, der schätzte sich vollends glücklich und wurde von seinen Spielkameraden beneidet.

Wir suchen Schutz

Immer wieder hörten wir ein Dröhnen in der Ferne. Unsere Mütter packten einige Sachen zusammen, die immer bereitstanden. Wofür? Der Krieg kehrte immer weiter an seinen Ausgangspunkt zurück. Wenn das Dröhnen der Flugzeuge zu hören war und die Bomberschwärme den Himmel zu verdunkeln begannen, war es höchste Zeit, nach einer schützenden Bleibe zu suchen. In den Städten konnte man, sofern ein Bunker in der Nähe war, in die Betonmauern flüchten. Ansonsten nahm man das bereitstehende Bündel und lief in den Keller. Immer in der Hoffnung, man möge auch diesmal verschont werden. Die Einschläge ließen die Wände erzittern, Staub breitete sich aus, wir Kinder drückten uns an die Mutter oder die Verwandten. In der Luft spürten auch wir förmlich die Angst, und so manche unserer Mütter betete seit langem wieder zum ersten Mal.

Glücklich, doch noch lebend einem Keller entkommen zu sein, sahen wir die Zerstörungen, sahen die Brände, hörten das Rufen der Namen von Verwandten, die gesucht wurden. Schlimm war es, wenn das eigene Heim in Trümmern lag. Wohin sollten wir nun? Ei-

Bomben auf Städte und Dörfer

Rot-Kreuz-Schwestern helfen weiter

nen Unterschlupf zu finden, wurde immer schwerer. So manche von uns kamen bei Verwandten oder Bekannten unter. Doch auch wenn noch alles in Ordnung war, fürchteten wir schon den nächsten Bombenhagel.

Auf der Suche nach einer neuen Heimat

Das Wort Treck ist für viele von uns ein Begriff. Die Erinnerungen an Flucht und Vertreibung sind unauslöschlich: das Nötigste packen, die Heimat verlassen, auf in die Fremde ohne eigentliches Ziel, ohne zu wissen, was geschieht und wie es weitergeht. Wer von uns mit seiner Mutter oder Großmutter einen Platz auf einem Fuhrwerk fand, war erst einmal geborgen. Doch mancher von uns saß auf einem Wägelchen, das von den Erwachsenen gezogen wurde. Die hatten einen langen Fußmarsch zurückzulegen. Der Winter 1944/1945 war hart, eine kurze Rast in einem verlassenen Haus, in einem Pferdestall brachten etwas Wärme, eine nur zu kurze Pause, bis es weiterging.

Für uns Fünf- und Sechsjährige war es weniger das Wissen um die Aufgabe heimatlicher Geborgenheit, die Furcht vor drohender Gefahr, als vielmehr ein ungewöhnliches Abenteuer. Wir sahen die sorgenvollen Gesichter der Mütter, die nicht nur um das Schicksal ihrer Männer bangten, sondern sich und uns in Sicherheit bringen mussten. Doch ganz begreifen konnten wir das Ganze nicht. Eine Puppe oder einen Teddy pressten wir fest in die Arme.

In Turnhallen, Gaststätten, Schulen – oder was davon übrig geblieben war – wurden wir erst einmal untergebracht, bevor die Suche nach einer neuen Bleibe oder die von der Gemeinde verordnete Einquartierung erfolgte. Es gab viel Hilfsbereitschaft, doch nicht überall wurden wir freundlich aufgenommen. Wer von uns bei einem Bauern unterkam, konnte auch mal satt werden. Es war schön, wieder ein Dach über dem Kopf zu haben, wieder ruhig schlafen zu können. Das Dach

Fröhliche Begegnung mit den Siegern

über unserem Kopf war manchmal nur eine Kellerdecke, so mancher von uns fand Unterkunft in einer Notwohnung. Aber wir hofften mit unseren Müttern, dass es doch wieder besser werden würde.

Für uns Sechsjährige hatte diese Situation aber auch ganz akzeptable Bedingungen. Wir fanden neue Spielgefährten. Was konnten wir doch da in der völlig anderen Umgebung alles entdecken! So mancher von uns erlebte auch die Hilfsbereitschaft ganz direkt: Was war es doch für ein Genuss, in das belegte Brot eines Gleichaltrigen zu beißen, dessen Eltern noch ihre Landwirtschaft oder vielleicht sogar einen Fleischerladen hatten.

Fremde Uniformen, doch wir hatten keine Angst

Der Krieg ging zu Ende, es wurde nicht mehr geschossen, wir brauchten nicht mehr Angst vor Bomben zu haben. Jeder und jede von uns erlebte den Untergang oder die Befreiung – die Bezeichnung richtete sich ganz nach der persönlichen Situation jedes einzelnen Überlebenden – auf seine spezielle Weise. Wir alle aber wussten zumindest: Jetzt kommen die Feinde. Und da waren sie nun.

Welche Vorstellungen hatten wir von ihnen? Waren sie uns nicht immer wieder als Abschreckung geschildert worden? Mit den Besatzern ergaben sich völlig neue Eindrücke. Die fremden Uniformen, die fremden Worte, die in unseren Ohren klangen, weckten eher unsere Neugier. Wohl keiner von uns hatte schon vorher einen leibhaftigen Schwarzen gesehen. War es wirklich so, dass, wenn man einem solchen die Hand gab, die Farbe abfärbte?

Als Kinder brauchten wir wohl doch keine Angst zu haben. Hörten wir auch viel vom gewaltsamen Vorgehen, vom Hass, den die einrückenden Truppen auf die Deutschen hatten, für uns hatten sie offenbar ein Herz. Der erste Kaugummi eines Amerikaners ist vielen von uns in Erinnerung. Oder die getrockneten, bisher uns unbekannten Früchte von den französischen Soldaten. Solche Süßigkeiten konnten diejenigen von uns, die unter russischer Herrschaft waren, nicht erwarten. Aber auch ein Stück Brot war keinesfalls zu verachten.

Immer wieder zog es uns in die Nähe der fremden Soldaten, und wir versuchten, uns mit ihnen halbwegs zu verständigen, was manchmal auch den Erwachsenen durchaus zugute kam.

Berliner Kinderheim

Ein Heim gefunden

Wer hat die Kinder gezählt, die während des Krieges ihre Eltern verloren haben? Waren die Väter im Krieg gefallen, die Mütter in den Bombennächten verschüttet und getötet worden, Kinder auf der Flucht von ihren Verwandten getrennt worden – in dem immer kleiner werdenden Deutschland irrten immer mehr Kinder umher, die keine Zukunft mehr zu haben schienen. Wohin sollten sie sich wenden, als der Krieg vorbei war?

Heimat- und elternlos geworden verkrochen sie sich in Trümmern, streiften durch die Gegend und versuchten, etwas aufzutreiben, um den Hunger wenigstens notdürftig zu stillen, eine geschützte Bleibe zu finden. Es galt, der Verwahrlosung der Jugend Einhalt zu gebieten. Wurden bereits von den Besatzungssoldaten Kinder, die irgendwo aufgegriffen wurden, deutschen Behörden, die manchmal auch nur vorübergehend bestanden, oder Menschen übergeben, die sich darum kümmern sollten, so wurden mit der Einrichtung der Verwaltung allmählich Bedingungen geschaffen, die eine sichere Unterbringung gewährleisten konnten. Waisenhäuser wurden zu Rettungsinseln im Kampf ums Überleben. Und doch hatte der Begriff Waisenhaus allein bereits allgemein eine negative Wirkung auf Außenstehende. So klang der Begriff Kinderheim etwas angenehmer. Welches Kind bekannte, aus dem Waisenhaus zu kommen, war durchaus in seinem Ansehen dem gegenüber im Nachteil, das ein Kinderheim als Adresse angeben konnte. Und trotzdem: Wussten die Mitschüler, wer unter ihnen aus einem Waisenhaus oder Kinderheim kam, der hatte manchmal nichts zu lachen. Dabei waren vor allem viele Frauen darum bemüht, den Kindern in den Heimen ein neues Zuhause zu schaffen. Dort gab es eben Menschen, die selbst eine Aufgabe gefunden hatten und versuchten, den Kriegsfolgen mit menschlichem Engagement zu begegnen. Die Kinder erhielten eine sichere Heimstatt, in der sie mit Schicksalsgenossen für ihr weiteres Leben eine Grundlage erhielten. Von hier aus war auch eine Vermittlung an Paten oder Familien möglich. Manch einer hat sich später dankbar erinnert, dass er aus dem Heim heraus einen sicheren Lebensweg finden konnte.

Vorsicht, Ansteckung!

Viele Menschen auf engstem Raum, Notquartiere, unzureichende Ernährung, schlechte hygienische Verhältnisse, unzureichende Ernährung – es war ganz natürlich, dass sich in der ersten Zeit nach dem Kriege Ungeziefer und Krankheiten rasch entwickeln und ausbreiten konnten. Schnell hatte man sich Läuse eingefangen, schlimmer waren in manchen Quartieren noch die Wanzen. Gefürchtet war die Krätze, und man musste darauf achten, dass man keinem zu nahe kam, der diesen hässlichen Hautausschlag mit sich trug. Der Mangel an ausreichender Ernährung machte vor allem die Kinder anfällig für Tuberkulose. Auch hier war Distanz zu beachten. Und die Angst, sich irgendwo anzustecken, hatte wohl jeder in dieser Zeit. Auch die Angehörigen der Besatzungsmächte waren nicht frei davon. Ständige Kontrollen, Untersuchungen und Impfungen sollten diesen Auswirkungen begegnen. Erfolgreich war das aber erst, als sich die Lebensverhältnisse insgesamt langsam und schrittweise verbesserten.

Was heißt hier besetzt?

Stoppeln, Hamstern, Kohlenklau

Die Sorge um das tägliche Überleben bestimmte das Leben der Menschen. Jeder nutzte jede Gelegenheit, die Hunger und Kälte mildern konnte. Waren die Felder abgeerntet, strömten auch wir Kinder mit auf die Felder. Stoppeln wurde zu einem festen Begriff. Mit Säcken und Beuteln bewaffnet, wurden von uns die übrig gebliebenen Ähren und Körner aufgelesen. Und wir waren froh, wenn wir auch unser Beutelchen halbwegs füllen konnten.

Auch auf den abgeernteten Kartoffelfeldern halfen wir, die letzten „Schätze" zu bergen. Es machte durchaus nichts, dass oftmals die Suppe nur aus Wasser und geriebenen Kartoffeln bestand. Pellkartoffeln waren schon ein Festessen. Unsere Mütter bewiesen auch hier ihren Einfallsreichtum. Man konnte so viele „Reichtümer" der Natur nutzen. Melde war kein Unkraut mehr, sondern ein geschätzter wohlschmeckender Salat. Auch zubereitete Brennnesseln schmeckten doch gar nicht so schlecht!

Wer noch Sachen vor Vertreibung oder Bomben hatte retten können, nutzte sie nun zum Tausch. So mancher Gegenstand, so manches Stück trugen unsere Mütter zu Bauern, bei denen sich mit der Zeit Sachen häuften, die sie eigentlich gar nicht brauchen konnten. Dafür gaben sie Milch, Eier, Brot, Mehl und vielleicht auch mal ein Stückchen Wurst, Fleisch oder Speck und Butter. So wurde durch solche Hamstertouren aufopfernd für uns gesorgt. War es nicht wunderbar, im Schlaf von der Mutter geweckt zu werden und etwas vom „Hasenbrot" zu essen, Brot mit etwas Belag, das extra für uns aufgehoben wurde?

Wir konnten die Züge sehen, die überfüllt mit „Hamsterern" waren, sie fuhren auch auf Puffern und Trittbrettern und mussten noch dazu fürchten, dass ihnen die Lebensmittel bei einer Kontrolle wieder abgenommen werden konnten.

War irgendwo ein Zug oder ein Auto mit Kohle angekommen, dann rannten wir schnell nach Hause, das zu melden, denn immer waren sofort viele Leute da, um etwas von dem wärmenden Reichtum zu erbeuten. Doch auch hier war Vorsicht geboten, leicht konnte man erwischt werden und musste erfolglos von dannen ziehen. Der Rucksack lag zu Hause immer griffbereit, es konnte immer irgendwo etwas zu holen sein.

Biete ..., suche ...

Auf den besten Platz kommt es an

Erlebniswelt Schwarzmarkt

Der Handel blühte in diesen Jahren, aber nicht in den Geschäften, sondern auf Straßen und Plätzen, auf dem Schwarzmarkt. Da war doch immer was los! Für uns war das ein besonderer Anziehungspunkt, was war dort nicht alles zu erleben. Es wurde nicht nur gekauft und verkauft, was war das Geld schon wert? Es wurde vor allem auch getauscht. Zigaretten waren zum Beispiel ein richtiges Zahlungsmittel. Doch der Aufenthalt auf dem Schwarzmarkt war nicht ohne Risiko, denn die Ordnungshüter schritten immer wieder ein. Man musste also auf der Hut sein. Einfallsreichtum war gefragt, wenn es notwendig war, die Angebote schnell zu verstecken. Oft wurde einem Vorübergehenden nur zugeflüstert, was angeboten wurde. An einem sicheren Ort, hinter einer Trümmerwand, in einem Hauseingang, an einer Ecke, konnte das „Geschäft" dann zustande kommen. Posten hielten Ausschau, ob sich ein Polizeiauto näherte und war das der Fall und wurde von den ersten Fliehenden lautstark verkündet, dann stoben die Händler und Kunden in alle Himmelsrichtungen auseinander. Wir Kinder konnten uns dabei durchaus nützlich machen und „Schmiere stehen". Das waren für uns oft spannende und eindrucksvolle Erlebnisse. Und zu Hause war man froh, etwas mitgebracht zu haben und auch wir kamen dann in den Genuss des so schwer Erworbenen.

Unser Spielplatz war die Trümmerwüste

Keine Filmkulisse, sondern Wirklichkeit

Die Städte lagen in Schutt und Asche, auch viele Dörfer waren betroffen. Für uns war es eigentlich eine aufregende Zeit. Es gab überall was zu entdecken. Welche Generation von Kindern hatte schon so viele Steine, um sich Buden oder wunderbare Verstecke zu bauen? Viele Löcher und Öffnungen weckten unsere Neugier. Was konnte darunter zu finden sein? Wer von uns würde der Erste sein, der sich hineinwagte? Wir konnten herumklettern, doch manche Mauer schwankte bedenklich. Und unsere Mütter waren nicht wenig in Sorge, wenn sie uns auf Trümmern herumturnen sahen. Aber wir waren in unserem Entdeckerdrang überhaupt nicht zu bremsen. Viele von uns waren, weil die Mütter arbeiten mussten, sich sowieso für längere Zeit selbst überlassen. Natürlich war es manchmal auch gefährlich, doch ängstlich waren wir nicht. Überall lag noch Munition herum, selbst lee-

Haben wir nicht eine schöne Bude?

re Patronenhülsen eigneten sich zum Sammeln. Kaputtes Kriegsgerät wie Autos und Geschütze wurde für uns zum selbstverständlichen Anziehungspunkt. Und manchmal nützte es auch nichts, wenn uns die Mütter verboten, sich damit zu beschäftigen. Es war, wie wir manchmal erst später erfuhren, nicht nur die Angst um uns, sondern auch die feste Haltung: Mit Krieg und Waffen wollte niemand mehr jemals etwas zu tun haben.

Beeindruckend: Die Trümmerfrauen

Schippe um Schippe dem Schutt zu Leibe rücken

Heute lassen nur noch Bilder erahnen, welche Ausmaße die Zerstörungen in Deutschland hatten. Damals standen viele zunächst ratlos vor den Trümmern. Wie sollte das jemals wieder weggeräumt werden? Unsere Mütter waren die Heldinnen der Zeit, die Trümmerfrauen. Die Haare unter einem Turban verborgen und vor dem Ziegelstaub geschützt, in den ältesten Kleidern, die Hände in Handschuhen unterschiedlichster Qualität, gingen sie ans Aufräumen. Es war schwer für sie, die Ziegel waren rissig, der Putz musste abgeklopft werden. Die Arbeit war ungewohnt. So manche unserer Mütter entwickelte eine Kraft, die sie sich selbst nicht zugetraut hätte. Aber sie waren nicht allein, konnten sich einreihen in die Reihen der Schicksalsgenossinnen. Notzeiten schmieden zusammen. Sie stützten und halfen sich gegenseitig. Von den hohen Schuttbergen reichten sie Ziegel für Ziegel weiter, luden sie auf Loren, die auf schmalen Gleisen transportiert wurden und stapelten sie in großen Karrees auf. Das war künftiges Baumaterial.

Während unsere Mütter schufteten, standen wir oft in der Schlange, wenn Brot und Heizmaterial ausgegeben wurden. Wenn sie abends nach Hause kamen, waren sie erschöpft, doch es ging weiter mit der Arbeit, mit der Sorge für die Familie. Die Hände, mit denen sie uns streichelten, waren hart und rissig geworden.

Stolz und brav: Wir kommen in die Schule

Im ersten Jahr nach dem Krieg war es für uns Zeit, in die Schule zu gehen, die in den Besatzungszonen zu unterschiedlichen Zeiten begann. Schließlich mussten die Schulen wieder in einen Zustand versetzt werden, der den Unterricht möglich machte. Die Einschulung war natürlich ein besonderes Erlebnis.

Wir brauchten einen Schulranzen, Schiefertafel, Griffel und Läppchen – bewundert wurden Schwämmchen – , und festlich angezogen wollten wir auch sein. Vor dem großen Ereig-

Wird es nun schwer werden?

nis wurde schon mal probiert, wie sich Griffelstriche auf der Tafel ausnehmen. Natürlich wurde uns auch in dieser schweren Zeit der Eintritt in einen neuen Lebensabschnitt versüßt. Gern hätten wir alle eine Zuckertüte gehabt, aber für viele reichte es nur zu einem bunten Teller. Auch wenn sich die Mütter auf das Nötigste beschränken mussten, in den Genuss einer solchen Freude kamen wohl wir alle. Wir freuten uns über Bonbons aus zuckriger Masse, Plätzchen aus Roggenmehl oder Haferflocken.

Stolz trugen wir ABC-Schützen schließlich unseren Ranzen oder eine einfache Tasche und warteten auf das, was auf uns zukommen würde. Brav saßen wir dann in den Schulbänken. Meist waren es ältere Fräuleins, die uns die ersten Buchstaben beibrachten, und so mancher von uns hat sie noch in guter Erinnerung. Wir saßen in alten Schulbänken, deren Sitze manchmal sogar hochgeklappt werden konnten. Auf dem leicht schrägen Pult waren Löcher für die Tintenfässer eingelassen. Doch die waren erst später für uns Buben interessant, wenn wir versuchten, die Zöpfe der vor uns sitzenden Mädchen hineinzutauchen. Jetzt hatten wir erst mal still zu sitzen, aufmerksam zu sein und die Buchstaben auf den Tafeln nachzumalen. Den Griffel ersetzte erst später der Federhalter, die Tafel das Heft. Die Herausforderung, dann Kleckse zu vermeiden, war gar nicht so einfach zu meistern. In manchen Klassen trugen die Mädchen Schürzen und wie wir Jungen auch Ärmelschoner.

Oft mussten wir in der kalten Jahreszeit Kohlen oder Holzscheite mitbringen, damit es im Klassenraum wenigstens einigermaßen warm war. Manchmal mussten wir auch unsere Mäntel anbehalten. Selbst in Handschuhen ließ sich der Griffel halten.

Wer von uns im Dorf in die Schule kam, war mit Schülern verschiedener Klassen in einem Raum. In den alten Dorfschulen gab es nur zwei Klassenräume. In einem wurden die Schüler von der 1. bis zur 3. Klasse gemeinsam unterrichtet, in dem anderen die Schüler der 4. bis zur 8. Klasse. Trotz dieses Mehrstufenunterrichts lernten wir etwas. Und wenn am Abend Stromsperre war, dann machten wir die Hausaufgaben eben bei Kerzenlicht.

Lernen im Klassenraum ...   *... und im Freien*

Altgediente und Neulehrer

Wer sollte nach der Niederlage des Nationalsozialismus die junge Generation heranbilden und erziehen? Die vormaligen Methoden und Grundsätze hatten sich als brauchbar für die Heranbildung von Untertanen erwiesen, hatten den Gehorsam für Führer, Volk und Vaterland eingepflanzt.

Die Lehrer, die in der faschistischen Zeit unterrichtet hatten, wurden erst einmal entlassen, sollte die deutsche Jugend doch nun in einem demokratischen Sinne erzogen werden. So forderte die Entnazifizierung ihre gerechten Opfer, aber trieb auch ihre Blüten. Wer hatte sich wirklich schuldig gemacht, wer war nur mitgelaufen und hatte versucht, seine humanistischen Grundsätze soweit es ging zu bewahren? Die Grenzen ließen sich oft nur schwer ausmachen. Als Schüler hatte man je nach Altersstufe seine eigenen Eindrücke von den Menschen, die nun in der Schule unterrichteten. Da konnte es schon einen drahtigen Lehrer geben, der mit seinen fellgefütterten Stiefeln beeindrucken konnte. War er, wie man hörte, wirklich mal Fallschirmjäger gewesen? War der Lehrer, der einem eine Riesenwelle auf dem Hochreck vorführen konnte, wirklich einmal ein strammer Nazi gewesen, wie es hinter vorgehaltener Hand hieß? Von einem älteren Lehrer, der beliebt und gütig war, hieß es auch, er sei schon „damals" in seinem Amt gewesen. Woran sollte man sich halten, wem sollte man glauben?

Eine Art von Lehrern war aber bei den Schülern sehr beliebt: Neulehrer hießen sie. Sie waren allgemein jünger, und neu war ihnen tatsächlich der Unterrichtsstoff, oft waren sie den Schülern nur einige Lektionen voraus. Doch sie konnten sich auf ihre Zöglinge einstellen, auch wenn sie nicht immer dem Lehrerbild entsprachen, das ältere Generationen gewöhnt waren. Man hat sie geliebt und verehrt, sie wussten ihre Schüler auf neue Gedanken zu führen, sie waren den Schülern, die sie unterrichteten, nur wenige Erfahrungen mit der neuen Zeit voraus. Doch diese wurden mit ihnen gemeinsam gemacht, wann gab es das schon einmal?

Bei aller Differenziertheit der Einflussnehmenden: Es wurde gelernt, man hat sich entwickelt und im Nachhinein werden die meisten des Jahrgangs 1939 resümieren: Es war eine prägende Zeit und nicht die schlechteste.

Erste Friedensweihnacht

Weihnachten 1945. Unsere Eltern, meist waren es nur die Mütter, sprachen immer wieder vom Fest des Friedens. Sie versuchten es so schön wie möglich zu machen. Dazu gehörte natürlich der Tannenbaum: wo keiner aufzutreiben war, reichte auch ein Tannenzweig. Baum oder Zweig wurden geschmückt, auch Kerzen fehlten nicht. Unsere Geschenke waren mehr als bescheiden, doch wir haben uns darüber sehr gefreut. Ein selbst gebasteltes Spielzeug aus Holz, ein Püppchen, das die Mutter gefertigt hatte – wir waren glücklich. Unsere Mütter versuchten, Abwechslung in das tägliche Essen zu bringen, auch Gebackenes sollte nicht fehlen. Dafür gab es auch Sonderzuteilungen für Haushaltungen mit Kindern: ein Päckchen Backpulver und 100 Gramm Trockenfrüchte.

Die Glocken erklangen, wir besuchten den Gottesdienst und sangen Weihnachtslieder. Und wir saßen auch still beisammen, dachten an die Väter, Brüder und alle, die gefallen, in Gefangenschaft oder vermisst waren. So lagen auch bei uns in dieser ersten Friedensweihnacht Freude und Sorge eng beieinander. Groß war die Hoffnung auf die Zukunft.

Aus Alt mach Neu

Nicht nur für unsere Bekleidung dienten einst für militärische Zwecke produzierte Sachen, wie Uniformen. Viele von uns können sich noch gut an die Milchkannen erinnern, mit denen wir ein oder zwei Liter Magermilch holten, manchmal sogar halb Mager-, halb Voll-

milch. Die Kannen waren mit langen senkrechten, streifenartigen Hervorhebungen versehen. Eigentlich waren sie für Kriegszwecke gedacht, denn es waren umgearbeitete Gasmaskenbehälter. Und auch Kochtöpfe in unseren Küchen hatten manchmal eine besondere Form. Es waren umgearbeitete Stahlhelme. Sie ließen sich aber auch gut als Siebe verwenden. Wir wussten das, doch keiner von uns dachte noch an den eigentlichen Zweck ihrer Herstellung. Viele unserer Mütter arbeiteten in kleinen Betrieben, die sich rasch bildeten und die sich auf die Umarbeitung verschiedenen Kriegsmaterials spezialisiert hatten. Dadurch verdienten sie eben auch den Unterhalt für uns. Und so mancher dieser kleinen Betriebe legte damals seinen Grundstein für ein späteres Wachsen zu einer richtigen Firma.

Die „Kindermode" der ersten Nachkriegsjahre

Der Krieg war zwar aus, doch Militärstoffe waren auch für unsere Bekleidung wunderbar geeignet. Alte Uniformstücke arbeiteten unsere Mütter um. Auch Fallschirmseide und Fahnenstoffe wurden für unsere Kleidung gern verwertet. Uns machte es überhaupt nichts aus, wenn trotz des Umfärbens da und dort eine dunklere oder helle Stelle einstige Hoheitszeichen vermuten ließen. Unsere Mütter waren einfallsreich und fleißig bei der Näharbeit. Wer von ihnen schneidern konnte, war gefragt. So trugen wir Stoffe, die einst kriegerischen Zwecken zugedacht waren. Manche von uns hatten Mäntel und Hosen,

Ein Jahrgang mit großen Klassenstärken

die aus Decken geschneidert worden waren. Was machte es schon, wenn sie durch die Nässe etwas schwerer wurden, warm waren sie allemal.

Auch die Stricknadeln klapperten in den Stuben. Wolle gab es zwar nicht, doch konnte man alte Stricksachen aufräufeln. So mancher erinnert sich, wie er der Mutter oder Oma hilfreich zur Seite ging und die Wolle zum Knäuel aufzuwickeln hatte. Da kam es nicht darauf an, dass die Farben zueinander passten. Alte Strickmuster fanden ihre Auferstehung und wurden ausgetauscht. Es entstand eine Mode für uns Kinder, die wohl zu keiner Zeit so den Verhältnissen geschuldet war. Gürtel hielten zu weite Hosen zusammen, Träger gaben nicht nur den nötigen Halt, sondern waren auch schmückendes Beiwerk. Am stolzesten und von vielen beneidet waren wohl Jungen, die eine Lederhose ihr eigen nennen konnten. Und die wurde noch viele Jahre lang getragen.

Im Sommer gingen wir natürlich barfuß, klar. Ein Tritt auf die heißen Schienen der Straßenbahn in der Stadt, Steinchen unter den Fußsohlen oder das Laufen über ein Stoppelfeld konnten uns nichts anhaben. Wir waren abgehärtet. Füße waschen gehörte zu einer unserer täglichen, unliebsamen Aufgaben. Holzpantoffeln waren schon eine Besonderheit. Und die ersten Igelitschuhe sahen zwar schick aus, doch wetterbeständig waren sie nicht und der Tragekomfort ließ auch zu wünschen übrig. In der kälteren Jahreszeit war jeder von uns glücklich, der richtige Schuhe vorzeigen konnte. Oft waren sie einige Nummern zu groß. Aber mit zwei oder drei Paar Strümpfen passten sie wunderbar. Und wer dem Ganzen einen besonderen Schick geben wollte, kombinierte Kniestrümpfe mit Söckchen.

Wer von uns nur ein Paar Schuhe für die kühlere Sommerzeit und den Winter hatte, dem wurden auch mal die Schuhkappen

Modisch durchaus gelungen

Hahnenkamm, Zöpfe und Kurzschnitt

Ordentlich sollten wir aussehen. Die Haarmode war einfach und praktisch: Mädchen trugen Zöpfe, Jungen einen Kurzhaarschnitt, der hatte sich in der Vergangenheit bewährt. Die Zöpfe legten sich die Mädchen in Kränzen um den Kopf. Auch das erinnerte an die „Friedenszeit". Sehr modisch war auch der Hahnenkamm, bei dem die Haare über einen halbrunden Kamm zu einer Rolle geformt und auf dem Kopf festgesteckt wurden. Ganz schick war es auch, zwei Hahnenkämme gegeneinander gesteckt zu tragen.

Längere Haare kamen für Jungen nicht in Frage. Die Schermaschine des Friseurs trat in Kraft. Halblang war erwünscht, Fasson war etwas für die Älteren und Erwachsenen. Meist trugen wir unsere Haare mit Scheitel, der von den Müttern unter Zuhilfenahme von Wasser präzise gezogen wurde. Widerspenstige Wir-

abgetrennt, und ein paar leichtere Treter entstanden. Im Winter konnten die Kappen ja wieder aufgebracht werden.

Ach ja, die Strümpfe. Auch wir Knaben trugen die langen Strümpfe zu kurzen Hosen. Befestigt wurden sie an einem Leibchen. Die Erinnerung an dieses Kleidungsstück trägt wohl noch jeder von uns in sich. Doch wir waren einfallsreich. Heruntergerollt und über den etwas höheren Schaft der Schuhe gelegt, machten die langen Strümpfe gar keinen so schlechten Eindruck. Das hatte noch den Vorteil, dass wir vom Spiel nicht gleich mit kniegroßen Löchern nach Hause kamen.

Und so könnten wir bei einer Modenschau damals gekleidet gewesen sein: ein Mädchen in einem hübschen Rock, vielleicht bestickt, eine passend gemachte Bluse aus den Beständen der Mutter, ein Strickjäckchen darüber; ein Junge in selbst gestrickten Kniestrümpfen, hohen Schuhen, kurzen Hosen aus etwas kratzigem Militärstoff und gleicher Jacke sowie einem kragenlosen Hemd.

Und doch: Trotz aller Not, es war für uns Sechs- bis Zehnjährigen auch eine schöne Zeit.

Schick mit Hahnenkamm und Zöpfen

Na, was sagt ihr jetzt?

bel wurden mit Pomade gebändigt. Auch eine kleine Haarklemme konnte helfen.

Shampoo kannten wir nicht, Seife, manchmal sogar die ganz ordinäre Kernseife, war unserer Kopfwäsche zugedacht. Reinlichkeit auf dem Kopf war unabdingbar. Unter den damaligen Verhältnissen konnten sich schnell Läuse ausbreiten. Und nicht nur das Kopfjucken war äußerst unangenehm, es war uns auch peinlich, bei der Kontrolle in der Schulklasse mit diesen kleinen Tierchen entdeckt zu werden. Und von unliebsamen Besuchen aus dem Gesundheitsamt in der Schule konnten wir immer überrascht werden.

Erlebnisse in neuer Zeit

Das 7. bis 10. Lebensjahr

Seilspringen, „Himmel und Hölle", Murmeln und vieles mehr

Am schönsten war es doch, wenn wir Spielgefährten hatten. Die Mädchen vergnügten sich zum Beispiel beim Seilspringen. Zu zweit war das nur möglich, wenn man mit einem Seil sprang und dann die nächste dran war, wenn man nicht drüber kam. Ab drei Mädchen konnten sie zu zweit das Seil schwingen, während die Dritte springen musste. Da bildeten sich ganze Gruppen, und wir achteten streng darauf, dass es gerecht zuging.

Das war noch schwieriger, denn bei „Himmel und Hölle" war nicht nur genau der Stein in eines der aufgezeichneten Kästchen zu werfen, sondern auch noch genau in ein solches auf einem Bein zu springen. Wer

Schummelt da auch keiner?

Chronik

13./14. Februar 1945
Zerstörung Dresdens durch britische und amerikanische Bombardements.

11. April 1945
Amerikanische Einheiten befreien das KZ Buchenwald.

30. April 1945
Adolf Hitler begeht mit Eva Braun im Bunker der Reichskanzlei Selbstmord.

1. Juli 1945
Bildung der drei Berliner Westsektoren.

2. September 1945
Kapitulation Japans, Ende des Zweiten Weltkrieges.

20. November 1945
Beginn der Nürnberger Prozesse gegen 24 Hauptkriegsverbrecher.

1. Mai 1946
Erstmals seit 1933 finden wieder Maikundgebungen der Gewerkschaften statt.

22. Juli 1946
Die ersten deutschen Soldaten kehren aus sowjetischer Kriegsgefangenschaft zurück.

15. Oktober 1946
Uraufführung des ersten deutschen Nachkriegsfilms „Die Mörder sind unter uns" von Wolfgang Staudte.

29. Mai 1947
Aufhebung des Heiratsverbots zwischen Deutschen und US-amerikanischen Besatzungssoldaten.

30. Januar–8. Februar 1948
Olympische Winterspiele in St. Moritz ohne Deutschland und Japan.

14. Mai 1948
Proklamation der Unabhängigkeit des Staates Israel.

26. Juni 1948
Beginn der britisch-amerikanischen Luftbrücke zur Versorgung West-Berlins.

9. Dezember 1948
Die Vollversammlung der Vereinten Nationen verabschiedet die Deklaration der Menschenrechte.

Gleichmäßig: Drehen und Hüpfen

7. bis 10. LEBENSjahr

ganz oben in der Hölle ankam, der hatte gesiegt. Was wurde da gestritten, ob der Schuh genau im Kästchen war, oder die Linie überschritten hatte.

„Eins, zwei, drei, vier Eckstein, alles muss versteckt sein ..." – wer von uns kennt nicht diesen Ruf. Der oder die Suchende stellte sich an Wand oder Baum, sollte nicht sehen, wohin die anderen von uns sich schnell verkrümelten. Manchmal wurde schon ein bisschen geschummelt, was natürlich sofort Protest auslöste. Dann wurde vorsichtig gesucht, schließlich mussten wir auch schnell sein, um den Gefundenen am Ausgangspunkt anzuschlagen. War man als Gesuchter schneller, schlug man selbst an. Wer zuerst entdeckt war, musste in der nächsten Runde suchen.

Beliebt war auch das Murmeln. Überall konnten wir mit den kleinen Dingern spielen. Eine kleine Vertiefung im Boden und tönerne Murmeln reichten aus, um stundenlang unsere Treffsicherheit und Geschicklichkeit zu

Aufpassen, jetzt kommt der Hüftschwung

fer abwerfen konnte. Doch auch jede Hauswand eignete sich dazu, geschickt einen Ball zu werfen. Raus war, wer den Ball bei seinem Rückschlag nicht fangen konnte.

Ab 1958 machte ein ganz neues Spiel unter uns die Runde: Der Hula-Hoop-Reifen kam auf. Da kamen wir erst so richtig in Bewegung. Wir versuchten, dem Körper den richtigen Drehschwung zu geben, um den farbigen Reifen um ihn kreisen zu lassen. Wir beneideten diejenigen, die den Reifen sowohl um die Füße, um die Hüften, als auch um den Hals kreisen lassen konnten.

Bewegung im Freien hatten wir in diesem Alter genug, und bei der einfachen, doch soliden Ernährung brauchten unsere Eltern nicht darauf zu achten, dass wir zu viel Fett ansetzen würden. Wir waren einfach fit und jeder Herausforderung gewachsen.

beweisen. Wer mit Daumen oder Finger die letzte Kugel in die Vertiefung gebracht hatte, der konnte manchmal einen gehörigen Schatz der kleinen Dinger sein Eigen nennen. Aber der nächste Einsatz wartete schon. Beneidet haben wir diejenigen, die bunte Glaskugeln ihr Eigen nennen konnten. Was war doch eine solche gegen die rötlichbraunen Murmeln wert! Da bildete sich ein richtiger Tauschhandel. Wir alle hüteten unser Säckchen oder unsere Schachtel mit Murmeln wie einen Schatz.

Wir Jungen bolzten natürlich, wo sich die Gelegenheit dazu bot. Platz zum Fußballspiel fanden wir überall. Auf den Straßen war ja kaum Verkehr, und durch die Zerstörungen gab es genug freie Plätze. Die Mädchen waren mehr für Völkerball, bei dem man die gegnerische Mannschaft durch gezielte Tref-

Durch und über Zonengrenzen

Deutschland war geteilt und wurde durch die Besatzungsmächte verwaltet. Die Zonengrenzen wurden zwar bewacht, aber ein Durchkommen war längere Zeit durchaus noch möglich. Man durfte sich nur nicht erwischen lassen. In Berlin war es am einfachsten, von einem Sektor in den anderen zu kommen. Zwar gab es auf jeder Seite Schilder, die auf das Betreten oder Verlassen der jeweiligen Zone aufmerksam machten, und Posten, die kontrollierten jedoch nicht jeden, der die Zonen wechselte. Aber an den Zonengrenzen im ganzen Lande lauerten Gefahren. Die Einheimischen in den Grenzregionen kannten jeden Weg und

Ein Rosinenbomber

Rückkehr zu Olympia

1936 fanden die Olympischen Spiele in der deutschen Hauptstadt Berlin statt. Die Nazis hatten versucht, der Weltöffentlichkeit eine akzeptable Situation in Deutschland darzustellen. Trotz der auch danach anhaltenden Kritik, dass die Spiele unter der faschistischen Ägide stattfanden, blieben die sportlichen Leistungen dieser Spiele immer in Erinnerung. Der Zweite Weltkrieg machte jede Verwirklichung einer olympischen Idee zunichte. Wie würde es also nach dem Kriegsende damit weitergehen? Den Willen nach einer dauerhaft friedlichen Entwicklung bekundeten viele Staaten und Politiker. Bereits damals war offensichtlich, dass auch politische Entwicklungen Einfluss auf dieses größte sportliche Ereignis haben würden. Im Januar 1948 wurden die ersten Olympischen Spiele, die V. Winterspiele, in St. Moritz eröffnet. Deutschland und Japan durften, als die Schuldigen an dem Krieg, nicht teilnehmen. Die Sowjetunion verzichtete freiwillig auf die Teilnahme, für sie war das angesichts der Kriegsschäden eine überflüssige Veranstaltung. Im Juli 1948 folgten die XIV. Olympischen Sommerspiele in London unter den gleichen Prämissen. In Helsinki wurden dann 1952 die XV. Sommerspiele ausgetragen. Erstmals waren auch wieder Deutschland, Japan und die Sowjetunion bei den Olympischen Spielen vertreten.

Olympiasiegerin Barbara Ann Scott, 1948

Steg. Wollte man Verwandte besuchen, musste Lebensnotwendiges geholt oder mussten Personen hinüber- oder herübergeschafft werden, so waren oft auch wir Jungen und Mädchen dabei. Für uns war das spannend und geheimnisvoll. Das war doch etwas anderes als nur ein Spiel. Es war wirklich auch gefährlich, erwischt zu werden. Verschwiegenheit gehörte zu den unabdingbaren Voraussetzungen bei solchen Unternehmungen.

Nach dem Verbot des Transits durch die sowjetische Besatzungszone dröhnten wieder Militärmaschinen über Dörfer und Städte der westlichen Besatzungszonen, und wir blickten zum Himmel. Angst brauchten wir nicht mehr zu haben, denn auch wir wussten: Sie sicherten die Versorgung Westberlins und brachten Hilfssendungen und Care-Pakete. So hatten wir auch ein neues Spiel entdeckt: Luftbrücke. Über eine aus Steinen oder Ziegeln errichtete Grenze ließen wir Papierflugzeuge fliegen. Aber so mancher von uns hatte sogar noch ein kleines Spielflugzeug aus der „Friedenszeit".

7. bis 10. LEBENSjahr

Heimkehr der Gefangenen

Mit der Kapitulation Deutschlands 1945 war zwar der Zweite Weltkrieg beendet, doch als die Waffen schweigen, befinden sich noch über zehn Millionen deutsche Soldaten in den Kriegsgefangenenlagern der Alliierten. Die meisten werden ein Jahr später wieder frei sein. Die letzten Kriegsgefangenen kehren jedoch erst im Januar 1956 aus der UdSSR zurück. Die Aufnahme diplomatischer Beziehungen war für die Sowjetunion eine der Bedingungen für die Freilassung der deutschen Kriegsgefangenen. Als Adenauer aus Moskau zurückkehrte, stimmte der Bundestag der Aufnahme diplomatischer Beziehungen zu den Sowjets zu. Die Entlassung der Kriegsgefangenen und aller Deutschen, die nach Russland verschleppt worden waren, begann am 7. Oktober 1955 und war nach drei Monaten beendet. Jene Männer, die in Friedland und Herleshausen aus dem Zug stiegen, wurden von einer Welle der Emotionen empfangen. Mütter schlossen ihre Söhne in die Arme, Ehefrauen ihre Männer – nach mehr als zehn Jahren der Trennung. Kinder standen sprachlos vor ihren Vätern, an die sie sich kaum noch erinnern konnten. Der Choral „Nun danket alle Gott", angestimmt von Tausenden, kam aus tiefster Seele. Zugleich mussten mit der Heimkehr dieser nun wirklich letzten Kriegsgefangenen in sowjetischer Hand die Hoffnungen von mehr als einer Millionen Familien aufgegeben werden.

Kenn' ich jemanden?

Wer ist dieser fremde Mann?

Viele von uns hatten keinen Vater mehr und die Mutter musste allein für alles einstehen. Wo der Vater in Gefangenschaft oder vermisst war, blieb die Hoffnung auf eine baldige Heimkehr. So begleiteten wir unsere Mutter auch mal zu einer Kartenlegerin oder Wahrsagerin. Still saßen wir in einer Ecke und erhofften uns fast ein Wunder. Ging unsere Mutter frohen Mutes nach Hause, dann waren wir gespannt, was sich ereignen würde. Immer wieder hörten wir, dass sich die Voraussagen als richtig erwiesen hatten. Wie groß war aber die Freude, wenn sich herausstellte, dass auch bei uns die Vorhersage eintraf und der Vater wirklich vor der Türe stand. Blass, hager, unrasiert, mit einem alten Koffer oder auch nur einem kleinen Bündel sah er uns erwartungsvoll an. Er war nach der langen Zeit der Trennung für uns fast ein Fremder geworden. Und so mussten wir uns langsam wieder aneinander gewöhnen. Stundenlang konnte wir ihm zuhören, wenn er von seinen Erlebnissen erzählte. Aber wir konnten ihm auch zeigen, was sich inzwischen so alles verändert hatte und ihm ein wenig helfen, sich unter den neuen Bedingungen zurechtzufinden. Ganz sicher wurde dadurch auch unser Verhältnis zu ihm immer enger. Und mit der Zeit war es ganz selbstverständlich, dass wir wieder eine richtige Familie waren. Viele von uns wurden von den Kindern beneidet, deren Väter nicht mehr heimkehren konnten.

Doch nur ein Freundschaftskampf

Von Petzen und Muttersöhnchen

Unter Kindern jeder Generation gab und gibt es immer wieder Streitigkeiten, die auch mal handgreiflich ausgetragen werden. Natürlich gab es auch unter uns damals Auseinandersetzungen. Doch mit wirklicher brutaler Gewalt hatte das meist wenig zu tun. Da gab es in jeder Klasse Schüler, die sich stärker fühlten und das auch immer wieder mal unter Beweis stellten, die ihre „Freunde" hatten und so manchen von uns einen Umweg um sie machen ließen. Sofern das gelang. Üblich waren aber Rangeleien auf dem Schulhof oder auf dem Heimweg nach der Schule. Da wurden schon mal die Ranzen oder Schultaschen als Schlaginstrumente verwendet. Meist reichte aber die körperliche Kraft. Bei solchen Auseinandersetzungen bildete sich immer ein Kreis von Zuschauern.

Etwas schlimmer war es schon, wenn es Klassenkeile gab, wenn viele auf einen Einzelnen einschlugen. Dafür gab es aber immer einen besonderen Anlass. Petzen war verpönt, auch Muttersöhnchen hatten es nicht immer leicht, sie brauchten schon mal einen etwas stärkeren Freund. Wurden solche Auseinandersetzungen öffentlich ausgetragen, dann schritten Eltern und Lehrer ein. Vor allem die Lehrer waren Respektspersonen und beendeten schnell den Kampf. Wer von uns hat es schon gewagt, sie zu ignorieren? Wir wussten: Eine Strafe folgte unweigerlich. Was aber noch schlimmer war, war der kummervolle Blick unserer Mütter, wenn wir mit kaputten Sachen nach Hause kamen. Schließlich konnten sie uns nicht einfach etwas Neues kaufen.

7. bis 10. LEBENSjahr

33

Hilfe in größter Not

Die Not in Deutschland in den ersten Jahren nach dem Krieg ist groß und spricht sich in der Welt herum. Glücklich konnten sich diejenigen schätzen, die Verwandte im Ausland hatten und von ihnen eine erste direkte Hilfe erhielten. Viele erinnerten sich an Verwandte jenseits des Atlantik und baten um Lebensmittel und Bekleidung. So wurden durch Pakete von Privatpersonen oder über kirchliche Organisationen wie der katholischen Caritas, des evangelischen Hilfswerks oder der amerikanischen Quäker erste umfangreichere Hilfsleistungen für Deutschland möglich. 1946 gründen 22 amerikanische Wohlfahrtsverbände die „Cooperative for Armerican Remittances to Europe", die unter der Abkürzung CARE sehr schnell bekannt wird und erfolgreich wirkt. Das Konzept erweist sich als außerordentlich praktikabel, da sich viele Hilfswillige in diese große Spendenaktion einreihten und direkt und nicht anonym die Not ein wenig lindern helfen konnten. Die Care-Pakete waren in Deutschland heiß begehrt, enthielten sie doch Lebensmittel und später auch Textilien und Schuhe. Unvergessen sind die Schokolade und das Corned Beef. Die Ankunft eines solchen Paketes war für die Empfänger immer ein richtiger Festtag. Fast 10 Millionen Pakete erreichten ihre Adressaten.

Unverzichtbar: Mit dem Handwagen unterwegs

Ein Transportmittel hatte damals Hochkonjunktur: der Handwagen. Jeder von uns hat ihn einmal gezogen, geschoben oder ziehen müssen. Es war, je größer wir wurden, nicht sehr angenehm, mit ihm klappernd über das holprige Kopfsteinpflaster durch die Gegend zu ziehen. Für uns Kinder auf dem Dorf war dieses Gefährt selbstverständlich, aber wer von uns in der Stadt lebte, der genierte sich schon etwas, auf diese Weise lärmend auf sich aufmerksam zu machen. Und doch war er unverzichtbar für die Beschaffung von Lebensnotwendigem. Was hat er in der Zeit der Not nicht alles transportieren müssen! Lebensmittel, Brennmaterial, alle möglichen Sachen vom einfachen Abholen solcher oder zum Wegschaffen bis zum Umzug in ein neues Domizil. Er wurde ausgeborgt, hielt viel aus, und wie vie-

Auf dem Hinweg bequem, doch auf dem Rückweg?

Wir hatten auch Schlüsselgewalt

Essen machen war für uns kein Problem

le Kilometer wurden mit ihm zurückgelegt. Aber er eignete sich auch wunderbar zum Spiel. Die Deichsel zwischen die Beine geklemmt, um damit dem Wagen die richtige Richtung zu geben, konnten wir uns von den Spielgefährten schieben lassen. Natürlich gab es auch Streit um den begehrten Platz im Wagen. Und richtig kamen wir erst in Schwung, wenn die Straße oder der Weg abwärts führte. So mancher von uns erinnert sich noch an einen schmerzhaften Sturz.

Wir waren selbstständig und häuslich

Die meisten unserer Eltern arbeiteten oder waren auf der Suche danach. Wo die Väter im Krieg geblieben waren oder noch nicht nach Hause zurückkehren konnten, war das für unsere Mütter selbstverständlich. So blieben wir, mit guten Ermahnungen versehen, uns oft allein überlassen, was uns aber sehr entgegenkam. Unseren Haus- oder Wohnungsschlüssel trugen wir an einem Band um den Hals. So waren wir eben die „Schlüsselkinder". Manche von denen, die pünktlich zu Hause sein mussten, die meist unter Aufsicht standen, beneideten uns. Aber auch wenn wir uns viel selbst überlassen waren und draußen waren – unsere häuslichen Pflichten hatten wir durchaus. Wir machten uns das Essen warm, sorgten für Ordnung und putzten natürlich die Schuhe für die ganze Familie. Oft hatten wir auch Aufträge zu erledigen oder älteren Menschen zu helfen. Und wir gingen einkaufen. Natürlich nicht in einem Supermarkt, sondern im Tante-Emma-Laden, der sich auch in einem Ruinengelände etabliert hatte. Da gab es entsprechend der Möglichkeiten vieles, von der Schuhcreme bis zur sauren Gurke. Höflich grüßend betraten wir den Laden, drängelten uns nicht vor, sondern warteten, bis wir gefragt wurden. Bedient wurden wir freundlich und manchmal erhielten wir sogar eine kleine Kostprobe oder Zugabe. Vor allem Süßigkeiten hatten es uns angetan.

Jede Abwechslung ist willkommen

Wenigstens eine warme Mahlzeit

Täglich ein warmes Mittagessen war in dieser Zeit für viele von uns ein besonderes Geschenk. Möglich wurde das durch die Schulspeisung. Das Essen wurde in der Küche in der Schule zubereitet oder in Kübeln angeliefert. Die älteren Schüler halfen bei der Essenausgabe und schafften die Kübel auch mal in die Klassenräume, oder wir stellten uns in der großen Pause oder nach den Schulstunden in die Reihe unserer Mitschüler und warteten auf unsere Portion. Wenn es nicht möglich war, in der Schule zu essen, dann konnten wir das Essen mit nach Hause nehmen. Manche von uns hatten ein altes Kochgeschirr mitgebracht, andere ein Essgeschirr, ein kleines Töpfchen oder auch mal eine Milchkanne. Natürlich schmeckte es nicht wie bei der Mutter, doch machte es uns satt. Viele von uns erinnern sich noch an das Klappern mit dem Besteck an den Essgeschirren beim Warten auf das Austeilen des Essens, was uns immer wieder Ermahnungen aufsichtführender Lehrer einbrachte.

Zwei deutsche Staaten

Nach der Kapitulation wurde Deutschland in vier Besatzungszonen aufgeteilt, ebenso die ehemalige Reichshauptstadt Berlin. Auf der Londoner Sechsmächtekonferenz im Frühjahr 1948 einigen sich die Westmächte und die Benelux-Länder auf die Schaffung eines westdeutschen Staates. Die Beschlüsse dieser Konferenz werden als „Frankfurter Dokumente" am 1. Juli 1948 den Ministerpräsidenten der westdeutschen Länder übergeben. Die Ministerpräsidenten werden darin aufgefordert, eine verfassunggebende Versammlung einzuberufen und eine Neugliederung der Länder vorzunehmen sowie zum angekündigten Besatzungsstatut Stellung zu nehmen. Erst nach langen, kontroversen Diskussionen folgen die Ministerpräsidenten schließlich den Aufforderungen der Besatzungsmächte nach Schaffung eines westdeutsches Teilstaates. Im Dezember 1947 entsteht in der Sowjetischen Besatzungszone die „Volkskongressbewegung für Einheit und gerechten Frieden" unter Führung der SED. Aus ihr geht im März 1948 der 1. Deutsche Volksrat hervor, dessen Teilnehmer teilweise aus den Westzonen kommen. Der Volksrat veranlasst ein Volksbegehren zur deutschen Einheit und setzt einen Verfassungsausschuss ein. Dessen Entwurf für eine „Verfassung der Deutschen Demokratischen Republik" wird am 19. März 1949 vom Volksrat formell beschlossen. In Folge des Kalten Krieges entstehen 1949 zwei Staaten in Deutschland. Die Bundesrepublik Deutschland gehört zur westlichen Staatengemeinschaft. Die Deutsche Demokratische Republik ist Bestandteil des Ostblocks. 1955 treten beide deutschen Staaten dem jeweiligen Militärbündnis – der NATO und dem Warschauer Pakt – bei. Noch im gleichen Jahr erlangen sie die formale Souveränität. Die Spaltung Deutschlands wird erst im Jahr 1989 mit dem Fall der Mauer hinfällig.

Da waren wir natürlich auf den Beinen

Der Zirkus kommt!

Die Plakate hingen schon Tage vorher in der Stadt. Tiger, Elefanten, Seiltänzerinnen, Trapezartisten und Clowns leuchteten uns von den Plakaten entgegen. Und dann waren sie in unserem Ort. Kam der Zirkus mit der Bahn, dann wurden Tiere durch die Stadt geführt. Wir waren natürlich dabei, begleiteten sie bis auf den Festplatz. Kamen die Wagen von Lastautos mit Holzvergaser gezogen, dann sprach sich schnell herum, aus welcher Richtung. Bereits bei der Einzäunung und beim Zeltaufbau ließ sich vieles beobachten. Wir vergaßen einfach die Zeit dabei. Es war absolut klar, die Vorstellung dürfen wir uns nicht entgehen lassen. Um das Eintrittsgeld mussten viele von uns die Eltern erst lange überreden, obwohl es nach heutigen Vorstellungen spottbillig war. Was war das für eine bunte Welt. Selbst die Kontrolleure in ihren farbigen Anzügen am Eingang betrachteten wir mit Neugier und Respekt. Die Vorstellungen waren unter uns Gesprächsthema Nr. 1. Der Besuch der Tierschau vor der Vorstellung war noch eine Draufgabe für den Genuss. Manchmal führten die Tierdresseure sogar kleine Attraktionen oder ein kleines Kunststück vor. Manche von uns hielten sich, solange der Zirkus gastierte, immer wieder in seiner Nähe auf. Vielleicht konnte man doch etwas erspähen, das den anderen verborgen war. Als der Zirkus abgereist war, blieb der leere Platz für uns noch lange ein besonderer Anziehungspunkt. Und auch ein bisschen Trauer schwang mit.

Luftschaukel und Losbuden

War schon der Zirkus ein besonderer Anziehungspunkt, dann war es der Rummel nicht weniger. Den Aufbau der Fahrgeschäfte und Losbuden verfolgten wir natürlich, sobald es nach der Schule ging. So mancher von uns konnte sich durchaus vorstellen, in einem Wohnwagen sein Leben als Reisender zu ver-

7. bis 10. LEBENSjahr

37

bringen. Solange der Rummel da war, hielten wir uns nach Möglichkeit fast jeden Tag dort auf, auch wenn die Schularbeiten in dieser Zeit manchmal etwas kurz kamen. Was gab es Schöneres, als im Kettenkarussell durch die Luft zu fliegen und dem Nebenmann noch einen extra Schwung zu geben. Eine Kugel Eis war für viele von uns schon ein besonderer Genuss. Die Gewinne an den Losbuden lockten, die Musik animierte uns zu einer neuen Runde. Auch wenn wir nicht viel Geld hatten, um alle unsere Wünsche zu befriedigen, es war schon viel, wenn wir nur wenige Fahrten machen konnten. Stellten wir uns unter die Luftschaukel, so konnten wir manchmal das Kleingeld auflesen, dass den Schaukelnden aus der Tasche gefallen war. Dafür war eine neue Runde fällig. Wir trafen uns mit Freunden, borgten uns auch mal ein paar Groschen, aber wir waren glücklich, dabei zu sein und die besondere Atmosphäre zu erleben.

Spur frei zum Langlauf

Unsere vier Jahreszeiten

Im Sommer ging es natürlich ins Schwimmbad oder an einen See. Egal, ob Badehose oder Badeanzug den letzten Chic hatten,

Rummel war immer etwas Besonderes

Ins kühle Nass auch mal „ganz ohne"

Mit Freunden jederzeit bereit

wichtig war zu schwimmen, zu springen, den anderen zu zeigen, was man konnte. Schwimmen hatten wir bei unseren Vätern gelernt oder bei einem Schwimmmeister. Der nahm uns auch mal an die Angel, verfolgte am Beckenrand oder am Steg unsere Züge mit manchmal kräftigen Bemerkungen. Geschadet hat es uns nicht. Nicht umsonst spricht man davon, dass einer ins kalte Wasser geworfen wird. Bald konnten wir uns freischwimmen, und dann war uns kein Wasser zu tief. Auf der Liegewiese warfen wir schon mal einen Blick auf das andere Geschlecht, aber vor allem tollten wir mit unseren Freunden herum.

Ja, es gab auch richtige Winter, die Schneegrenze lag damals nicht ständig 500 Meter über dem Meeresspiegel. Wenn die Minusgrade die Seen und Flüsse zufrieren ließen, schnallten wir uns die Kufen unter. Auch auf sehr festgefahrenem Schnee ließen sich Schlittschuhe gebrauchen. Die wurden mit einem Schlüssel an den Schuhen festgeschraubt, was den Sohlen durchaus nicht zuträglich war. Die Bindungen an den Skiern waren einfach mit einem Federzug über dem Absatz des Schuhs zu spannen. Ob sie auch die richtige Größe hatten, interessierte nur die Könner. Die meisten von uns waren froh, dass sie überhaupt über den Schnee gleiten konnten. Der Schlitten durfte natürlich nicht fehlen. Manchmal hatten seine Kufen über den Sommer Rost angesetzt, doch nach einigen Abfahrten war das kein Problem mehr. Schneeballschlachten waren schon auf dem Schulweg unser Vergnügen, und wenn wir jemanden so richtig einseifen konnten, war der Spaß perfekt. Wer von uns mal in einem Dorfteich eingebrochen ist, weiß noch, wie wohl es tat, die durchnässten eiskalten Sachen auszuziehen und am Ofen getrocknet zu bekommen.

Wir nahmen weite Wege in Kauf, um an die sommerlichen oder winterlichen Vergnügungen zu gelangen.

Währungsreform

Es musste nicht immer eine so komplette Elf sein

Neues Geld und volle Geschäfte

Unser Taschengeld war spärlich und wir gingen sehr sorgsam damit um. Wer von uns freute sich nicht über einige Pfennige, die er von irgend jemandem für eine Hilfeleistung erhalten hatte? Gern verrichteten wir kleine Aufträge, nichts war uns zu viel. Doch unsere Wünsche waren klein. Plötzlich sollte dieses Geld, das wir so schätzten, nicht mehr gelten? Die Erwachsenen sprachen von einer Währungsreform und dass es nun weiter aufwärts gehen sollte. Uns interessierten erst mal die neuen Münzen und Geldscheine. Davon sollte nun so viel abhängen? Für uns wurde das Taschengeld knapper, aber dafür erhielten wir beim Kauf mehr. Die Geschäfte waren plötzlich voller, es war wie in dem Märchen vom Schlaraffenland. Wir blickten ungläubig und auch sehnsüchtig in die Schaufenster, nun gab es Sachen, die wir bisher noch gar nicht kennen gelernt hatten. Aber all die schönen Dinge konnten viele Eltern sich für uns trotzdem nicht leisten.

Rund ist der Ball überall

Keiner von uns Jungen in diesem Alter konnte einer Blechbüchse, einem Stein, einer Kohle, die auf dem Weg lagen, widerstehen: Es musste einfach dagegen getreten werden. Und was konnte unser Jungenherz mehr bewegen als ein richtiger Ball? Wir beneideten den, der einen solchen, vielleicht sogar einen richtigen aus Leder, sein Eigen nennen konnte. Sobald sich jemand damit auf der Straße zeigte, wurde er umringt von Gleichgesinnten. Wir brauchten nicht unbedingt einen Rasenplatz, wir achteten nicht so sehr die Regeln, Fußball konnten wir überall spielen. Gefährlich war es auf den Straßen nicht, es gab ja kaum Verkehr. Um ein Tor zu markieren reichten einige Steine, auch Kleidungsstücke konnten dazu dienen. Wer von uns hatte schon Fußballschuhe? Sie kamen selbst in unseren kühnsten Träumen nicht vor. Unsere Eltern waren keineswegs begeistert, wenn die Straßenschuhe für solche Freizeitaktivitäten genutzt wurden.

Das Auflesen ist auch anstrengend

Bei jeder dieser Straßenmannschaften gab es natürlich einen Anführer, der bestimmte, wer mit wem spielte. Und manchmal konnten auch Rivalitäten dabei ausgetragen werden, die mit dem Spiel selbst nichts zu tun hatten. So manches Foul wurde da ganz absichtlich ausgeführt. Wer von uns hat sich nicht geärgert, wenn er nicht erwählt wurde, wenn er nicht mit seinem Freund zusammen spielen konnte, oder wenn er bei einem Fehlschuss beschimpft wurde. Doch das alles minderte nicht die Begeisterung, mit der wir dem Fußball nachjagten, ihn gezielt ins gegnerische Tor platzieren wollten. Was dann am meisten nervte? Wenn wir von den Eltern nach Hause gerufen wurden, weil wir wieder einmal die Zeit vergessen hatten.

Auf dem Feld tätig

Wohl jeder von uns war damals auch mal auf dem Feld gefordert, egal, ob er auf dem Dorf oder in der Stadt lebte. Für die Dorfkinder von uns war es ganz selbstverständlich, mit aufs Feld zu gehen oder zu fahren. Doch auch die Stadtkinder waren bei den Bauern höchst willkommen. Vor allem bei der Kartoffelernte war jede Hand nötig, und die Kartoffeln in die Körbe sammeln, konnten auch die Jüngeren. Manchmal wurden die Kartoffeln mit der Hacke aus dem Boden befördert, meist war es eine einfache Rodemaschine, die von einem Pferd gezogen wurde. Anfangs erschien es ja ganz leicht, die Knollen aufzulesen, die Körbe zu füllen und auf die nächste Runde des schleudernden Rades zu warten. Doch mit der Zeit war das keinesfalls mehr lustig. Der Rücken begann zu schmerzen, doch auch auf den Knien die Furchen entlang zu robben brachte dauerhaft keine Erleichterung.

Am schönsten waren wohl die Vesperpausen. Ein gut geschmiertes Bauernbrot entschädigte einfach für alle Mühe. Und erst die Feuer, an denen wir die Kartoffeln rösteten. Die Schalen wurden schwarz und platzten, doch das goldgelbe Innere schmeckte ganz herrlich. Auch der Duft, den der Rauch des Kartoffelfeuers über das Feld verbreitete, stieg angenehm in die Nase.

Der Selbständigkeit entgegen

Das 11. bis 14. Lebensjahr

Geteilte Heimat

Was wussten wir in diesen Jahren von der politischen Entwicklung? 1949 wurden zwei deutsche Staaten gegründet. Unsere Eltern haben oft darüber diskutiert, weshalb es so weit kommen konnte und gaben vor allem den Siegermächten die Schuld daran. Welche Auswirkungen das haben sollte, und wie lange ein solcher Zustand Bestand haben sollte, war uns nicht bewusst. Plötzlich lebten unsere Verwandten in einem anderen Staat. Die Grenzen waren zwar noch nicht so befestigt, wie dann nach 1963. Doch es gab sie, und so manche Freizügigkeit war eingeschränkt. Wir setzten einen Gruß unter die Briefe der Eltern an unsere Verwandten oder schrieben auch selbst ein paar Zeilen. Zu den Fest- und Feiertagen gingen Pakete hin und her. Auf Besuche mussten wir mit der Zeit aber immer mehr verzichten. Immer wieder hieß es, Deutschland wird wiedervereinigt. Auch unsere Eltern wünschten das und hofften darauf. Wann wir aber wieder in einem einigen Deutschland leben würden, konnten auch sie uns nicht sagen. So lebten wir also in einer geteilten Heimat, und für so manchen von uns wurde das so langsam zu einer ganz normalen Realität.

Chronik

4. April 1949
Gründung der NATO.

23. Mai 1949
Das Grundgesetz der Bundesrepublik Deutschland wird feierlich verkündet.

7. August 1949
Erste internationale Veranstaltung: Großer Preis vom Nürburgring.

15. September 1949
Konrad Adenauer wird zum ersten Bundeskanzler gewählt.

7. Oktober 1949
Gründung der Deutschen Demokratischen Republik (DDR).

17. Juni 1950
Rowohlt bringt als erster deutscher Verlag Taschenbücher heraus.

19. Juli 1950
Gründung des Zentralrates der Juden in Deutschland.

18. Januar 1951
Uraufführung des umstrittenen Films „Die Sünderin" mit Hildegard Knef.

19. April 1951
Eröffnung der ersten Internationalen Automobilausstellung (IAA) in Frankfurt/Main.

19. Oktober 1951
Die USA beenden offiziell den Kriegszustand mit Deutschland.

24. Juni 1952
Erste Ausgabe der „BILD-Zeitung" des Springer-Verlages.

10. Dezember 1952
Albert Schweitzer erhält den Friedensnobelpreis.

26. Dezember 1952
Ausstrahlung der ersten „Tagesschau" im Fernsehen.

Gemeinsam geht sogar das Schuheputzen

Endlich mal weg von zu Hause

Natürlich waren wir auch mit unseren Mitschülern unterwegs. Unsere Klassen fuhren ins Schullandheim, wo wir in Gemeinschaft mal ganz weg von zu Hause waren. Besonders für uns Stadtkinder war der Aufenthalt in ländlicher Umgebung ein besonderes Erlebnis. So manche von uns hatten zwar schon am zweiten Tag Heimweh, doch das wurde tapfer unterdrückt. Es war ja auch ganz prima, was wir sahen und unternahmen. Nach der Ankunft ging es erst einmal darum, wie die Schlafräume aufgeteilt wurden, wer also mit wem sein Zimmer teilte. Dann packten wir unsere Sachen aus und konnten uns auf das Leben im Schullandheim konzentrieren. Was würden wir machen, was erleben? Wir waren zwar immer bei der Sache, aber wir versuchten auch, unsere Freiräume, die wir hier hatten, richtig auszunutzen. Was kümmerte uns die Nachtruhe? Es

11. bis 14. LEBENSjahr

43

Fertigmachen zur Nachtruhe

gab so viel zu erzählen. Aus den Mädchenzimmern war noch lange das Kichern zu hören. So mancher von uns musste öfter auf die Toilette, als es nötig war. Auch wenn nicht alles erlaubt war, wir hatten unseren Spaß. Denken wir nur an die Wasserschlachten in den Waschräumen oder die Kissenschlachten in den Schlafräumen!

Wir waren froh, einmal die harten Schulbänke hinter uns zu lassen. Schon die Bahnfahrt war eine Abwechslung, natürlich dritter Klasse auf Holzbänken mit Netzen für das Gepäck darüber. Auf der Fahrt wurde Karten gespielt, bevor wir am Ziel von unseren Lehrern und Begleitern in die jeweiligen Sehenswürdigkeiten eingeweiht wurden.

Immer unterwegs

Fit waren wir in diesem Alter. Lange Schulwege machten uns nichts aus. Wer von uns in der Stadt wohnte, konnte das sogar mit einem richtigen Schaufensterbummel verknüpfen und schon einmal daran denken, was er so alles kaufen würde, wenn er selbst Geld verdient. Und wer auf dem Dorf lebte, der kannte jeden Weg und Steg und war mit der Natur verbunden.

Auch nach der Schule hielt es uns absolut nicht zu Hause. Wir waren ständig irgendwo unterwegs. Glücklich schätzte sich der, der mit dem Fahrrad die Umgebung erkun-

Manchmal war das Fahrrad größer, als der Fahrer

Mit dem Rad gemeinsam unterwegs …

den konnte. Natürlich waren das keine blitzenden Gefährte, mit denen wir unterwegs waren. Die meisten von ihnen hatten schon viele Jahre unseren Eltern gedient oder waren aus verwertbaren Einzelteilen zusammengebaut worden. Viele trugen auf dem vorderen Schutzblech noch ein Markenzeichen schon vor dem Krieg bekannter Firmen. Wir erinnern uns noch gut an Sättel, die oftmals Lederflicken zierten, an die Gesundheitslenker, denen wir mit geschicktem Griff etwas von ihrer Starre zu nehmen vermochten. Wir putzten und ölten, flickten die Schläuche und waren in allen Reparaturhandgriffen bewandert. Und ging es mal wirklich nicht, dann fand sich immer eine kleine Werkstatt, die uns aus der Verlegenheit half. Wer von uns zum Geburtstag oder zu einem anderen Fest ein neues Fahrrad bekam, der wurde bewundert. Wir radelten mit Freunden und bestritten so manchen Wettbewerb, wer am meisten Kraft in den Beinen hatte. Das Fahrrad bedeutete für uns ein ganz erhebliches Stück Freiheit.

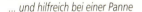
… und hilfreich bei einer Panne

Ein großer Tag: Die Konfirmation

Das Erleben von besonderen Fest- und Feiertage bleibt besonders in Erinnerung. So war bei denen von uns, die katholisch erzogen worden waren, die Kommunion ein solches

45

Konfirmation: Pose beim Fotografen ...

... zu Hause ...

Erlebnis. Es ging um die Bindung an die und den Platz in der Gemeinde, die ja ein wichtiger Teil von uns war und bleiben sollte. Wer von uns evangelisch erzogen worden war, für den stand ebenfalls ein besonderes Ereignis bevor: die Konfirmation. Wir hatten die Konfirmationsstunden besucht, hatten uns mehr oder weniger darauf vorbereitet, waren in die Gottesdienste gegangen, um auch den unabdingbaren Nachweis des eigenen Willens, in die Gemeinde aufgenommen zu werden, zu haben. Viele unserer Mütter hatten aber damit eine neue Sorge. Ein Kleid, ein Anzug mussten besorgt werden. Auch ein kleines Festmahl war zu zaubern. Unter den damaligen Bedingungen war das gar nicht so leicht.

So manche von uns erfuhren dabei Hilfe von Verwandten und Bekannten, die dankbar angenommen wurde.

Im Gottesdienst wurden wir von den Gemeindegliedern, darunter unsere Eltern, Geschwister, Verwandten und Bekannten, mit Aufmerksamkeit betrachtet. Eigentlich hielten wir uns doch recht gut, wenn man die kleinen Unsicherheiten, die die Bewegung in der Öffentlichkeit hervorrufen, einrechnet. Die meisten von uns haben auch heute noch ihren Bibelspruch, der sie auf dem weiteren Lebensweg begleiten sollte.

Gefeiert wurde in den meisten unserer Familien ganz bescheiden zu Hause. Der Kreis der Gäste war recht klein, der selbst gebackene Kuchen schmeckte prima, und ein Gläschen durfte auch getrunken werden. Und so mancher Junge von uns probierte sogar eine Zigarette, die er diesmal nicht heimlich rauchen musste, sondern die ihm sogar angeboten wurde. Die Geschenke hielten sich natürlich in Grenzen. Für die Mädchen hielten die Eltern, Verwandten und Bekannten Sammeltassen, Silberteller, elegante Taschen- oder praktische

... und beim Gruppenbild der Konfirmanden

Ganz lässig trugen wir die Schultaschen

Geschirrtücher für passend. Wir Jungen freuten uns über Taschenmesser, Briefmappen, Manschettenknöpfe oder Krawattennadeln. Es sollte eben etwas Bleibendes und zugleich Praktisches sein. Nun jedenfalls waren wir auf dem Wege zum Erwachsenen einen ganz erheblichen Schritt weitergekommen. Und wir gaben diesem Gefühl Ausdruck, auch wenn der nächste Tag keineswegs viel anders verlief, als die vorhergehenden.

Eine weitere Etappe bewältigt

Nun ging auch die Schulzeit zu Ende. Wir hatten mehr oder weniger erfolgreich die 8. Klasse erreicht. Den Ranzen der ersten Schuljahre hatten wir längst durch eine Aktentasche, die lässig unter dem Arm getragen wurde, ersetzt. Welch wunderbare Zeit lag vor uns. Wer keine weiterführende Schule besuchen wollte, der sah sich schon vor einer verheißungsvollen Zukunft: Nicht mehr immer nur lernen, nicht mehr die Angst, unvorbereitet an die Tafel gerufen zu werden, nicht mehr das gelernte Gedicht aufsagen, nicht mehr nachsitzen. Dabei hatten wir uns doch ganz tapfer durchgeschlagen. Hatten wir einmal nicht gelernt, dann half ein besserer Mitschüler oder bei einer Arbeit ein Spicker unter dem Heft, oder eine Formel, die auf den Arm geschrieben wurde. Mädchen hatten es da etwas leichter. Schließlich konnten sie ein Zettelchen unter den Rock schieben. Aber wie überall: Erwischen lassen durfte man sich nicht.

Das sollte nun vorbei sein. Aufgeregt nahmen wir unsere Zeugnisse entgegen und brachten sie mit mehr oder weniger Stolz nach Hause. Zum Abschluss gehörte natürlich ein Klassenbild mit den Klassenlehrern, das viele von uns in ihren Fotoalben noch heute bewahren.

Letzte Gemeinsamkeit: das Klassenbild

Ein Massenmedium entwickelt sich

Zunächst war das Radio das Medium der Stunde. Mit ihm war man mit der Welt verbunden, mit ihm kam Unterhaltung in die Wohnungen, mit ihm wurde man informiert. Neben Lang- und Kurzwelle war die Ultrakurzwelle (UKW) eine bedeutende Entwicklung in den fünfziger Jahren für diesen Bereich der Kommunikation. Dabei war bereits das Radio schon ein Luxus, den sich viele Menschen gar nicht leisten konnten. Doch von der großen Masse der Menschen überhaupt nicht richtig wahrgenommen, hatte sich bereits ein neues Medium entwickelt: das Fernsehen.

Am 25. Dezember 1952 wurde der regelmäßige Sendebetrieb aufgenommen. Davor lag eine lange Entwicklung. Nach dem Krieg hatten die Besatzungsmächte ein waches Auge und offenes Ohr für die sich wieder einstellenden Medien, um jegliche Verbreitung des Gedankenguts der letzten Jahre deutscher Vergangenheit zu verhindern. Am 12. Juli flimmerte das erste Fernseh-Testbild über die wenigen Bildschirme. Da vermochten sich wohl nur wenige Menschen vorzustellen, welche Beschleunigung die Entwicklung nehmen würde.

Die ersten Programme beschränkten sich auf wenige Stunden am Abend. Das war schon ein besonderes Ereignis, wenn sich die Gaststätten füllten, weil die Sendung begann, oder wenn sich Besuch ansagte bei den Glücklichen, die ein solches Gerät ihr Eigen nannten. Man saß still, wie im Kino. Zwar hatte man Mühe, auf dem kleinen Bildschirm auch alles zu erkennen, doch was machte das schon. Den ersten Fernsehern sah man deutlich noch die Verwandtschaft mit dem Radio an. Doch so langsam mauserte sich das Gerät, der Bildschirm wurde größer und die Fernsehröhre sogar in eine richtige Kombination mit Radio und Plattenspieler integriert. Mit der Entwicklung der Technik – wer weiß noch, dass es in den fünfziger Jahren sogar eine Fernbedienung, allerdings mit Kabel, gab? – hielt die Ausweitung des Fernsehprogramms Schritt. Fernsehansagerinnen und Nachrichtensprecher wurden zu bekannten Prominenten. Sehr zeitig gab es Kochsendungen, Kindersendungen und richtige Shows. So hieß die Sendung um 21.00 Uhr am 26. Dezember 1952 „Eine nette Bescherung". Moderiert wurde sie von Peter Frankenfeld, dabei waren unter anderem Helmut Zacharias, Ilse Werner und die Cypris. Die Kindersendungen waren sehr pädagogisch ausgerichtet, so wurden sogar Verhaltensregeln gesendet. Sport, Auslandsberichte, Krimis und Serien, Humoristisches und Politisches ließen nicht lange auf sich warten. Auch das, was wir heute unter Talkshows verstehen, war zu erleben: 1953 wurde der erste Internationale Frühschoppen gesendet.

Vorbereitung auf die Arbeit im Büro ...

... und in der Werkstatt

Start ins Berufsleben

Mit 14 Jahren waren wir ja fast schon erwachsen. Für die meisten von uns begann ein neuer Lebensabschnitt. Wir sollten und wollten auch etwas Ordentliches werden. Natürlich hatten unsere Eltern ein gewichtiges Wort mitzusprechen, zumindest konnten wir auf ihre Lebenserfahrung bauen. Doch so mancher von uns setzte sich auch gegen die Eltern mit seinem Berufswunsch durch.

Es war die Zeit des Aufbaus, an Lehrstellen mangelte es für viele Berufe nicht. „Handwerk hat goldenen Boden", hörten wir immer wieder, oder „Schuster bleib bei deinen Leisten". Damit war auch das Typische für Mädchen und Jungen gemeint. Mädchen gingen ins Büro, wurden Friseuse, Verkäuferin oder Krankenschwester. Auch eine Lehre in einer Textilfabrik oder sogar in einer Bank kam in Frage. Für Jungen kam besonders ein Handwerk ins Blickfeld, am besten das, das auch der Vater erlernt hatte. Gute Chancen hatte auch der, der sich einen Beruf auf dem Bau erwählt hatte, aufzubauen gab es genug.

Wer von uns gute Leistungen in der Schule hatte, meist auch durch die Eltern gesichert war, der drückte nach den wohlverdienten Ferien weiterhin die Schulbank mit der Sicht auf die Mittlere Reife oder das Abitur und einen späteren Studienplatz. Aber jeder von uns war sich bewusst: Eine entscheidende Lebensetappe war zu Ende gegangen, eine neue begann. Und der sahen wir erwartungsvoll entgegen.

Auch in der Ausbildung nicht allein

Schau mal dort!

Bunt, verlockend, aufreizend

Die Schulbücher und die von den Erwachsenen empfohlene Literatur ist auch heute noch nicht gerade das, was Dreizehn- oder Vierzehnjährige ungemein begeistert. Der größte Teil der Freizeit wurde damals ohnehin außerhalb der Wohnung verbracht, doch das überreiche Angebot an den Kiosken zog wohl jeden Jugendlichen magisch an. Vor allem zwischen dem Grau der Nachkriegszeit wirkten die Buden wie bunte Paradiesvögel. Auf wenigen Quadratmetern war eine ganz neue Welt zu besichtigen. Zeitungen mit großen Schlagzeilen, Illustrierte, Abenteuer- und Comicheftchen lockten zum Betrachten, luden zum Blättern und Lesen ein. Da gingen Heftchen von Hand zu Hand, wurden verliehen, getauscht, oder, bei einem besonderen Knüller, auch mal etwas über dem Handelspreis verkauft. Kennst du das? Diese Frage ging um, regte an. Und manchmal konnte man nicht schnell genug den Inhalt verschlingen, da wurde in der Schulstunde auch mal unter der Bank aufgeschlagen, was dorthin nun überhaupt nicht gehörte. So ganz allmählich tauchten dann auch wieder Heftchen auf, die einer Ideologie verbunden waren, die man nach dem verlorenen Krieg und dessen unermesslichem Leid für endgültig überwunden hielt.

Die Schlagzeilen der Boulevardblätter waren bereits damals gegenüber ihrem Inhalt unangemessen groß, doch ganz so freizügig wie später waren die in den Illustrierten abgebildeten Damen durchaus noch nicht. Und doch lockten sie mit Hochglanzlächeln zu näherer Betrachtung, regten zu Wünschen und Überlegungen über die Gestaltung des Lebens an, die kaum einer dann auch verwirklichen konnte. Doch was tat's. Der Unterhaltung wurde Rechnung getragen, die Bedürfnisse nach einem Ausbruch aus gängelnden Verhältnissen entwickelten sich, die modischen Vorgaben drängten langsam nach Verwirklichung im eigenen Bereich, auch wenn die finanziellen Möglichkeiten wahrlich enge Grenzen setzten.

Im Einsatz gegen Kartoffelkäfer

Woher kamen sie und wie gefährlich waren sie eigentlich? Eines ist sicher: Der gelbe Käfer mit den schwarzen Längsstreifen war ein Schädling und musste vernichtet werden. Da war Handlungsbedarf nötig, und die Hände waren im wahrsten Sinne des Wortes gefordert. Die Käfer und ihre roten Larven mussten abgelesen werden, und damit ein großer Schaden wirklich ausbleiben konnte, wurden Belohnungen ausgesetzt. Auch wir bevölkerten die Kartoffelfelder und sammelten die Käfer von den Blättern ab. In Büchsen und Flaschen sammelten sich die krabbelnden Tierchen. Wer konnte sie schon während des Ablesens zählen. Das war aber nötig, ging es doch um die Anzahl für den Bonus. So blieb es der häuslichen Nacharbeit überlassen, den Inhalt von Flaschen, Gläsern und Büchsen in einer stimmigen Zahl bei der Abgabe zu übermitteln. Eklig, könnte man meinen. Doch uns machte das überhaupt nichts aus, auch wenn einige von uns heutzutage doch eine gewisse Scheu davor haben, Käfergetier in die Hand zu nehmen.

Bully Buhlan

Hits der Jahre 1950/1951

Maria aus Bahia
(Danielle Mac/René Carol)

Capri-Fischer
(Rudi Schuricke)

Im Hafen von Adano
(René Carol/Lonny Keller)

Von den blauen Bergen kommen wir
(Goldy und Peter de Vries)

Wer soll das bezahlen
(Jupp Schmitz)

Winke, winke
(Evelyn Künnecke)

Florentinische Nächte
(Rudi Schuricke)

Hab'n se nich' ne Braut für mich
(Bully Buhlan)

Pack die Badehose ein
(Cornelia Froboess)

O wie bist du schön
(Will Glahé)

C'est si bon
(Renée Franke)

Zu jungen Erwachsenen gemausert

Das 15. bis 18. Lebensjahr

Radio, Plattenspieler, Fernsehen

Wer von uns konnte sich schon vorstellen, dass wir einmal Filme nicht im Kino, sondern im Wohnzimmer sehen würden? Unsere musikalische und informative Unterhaltung kam zunächst aus dem Radioapparat. Und das war nicht nur eine Geräuschkulisse so nebenbei. Hörspielen lauschten wir auch ohne Stereosound hingebungsvoll, da durfte uns niemand stören. Und bei der Musik waren wir vor allem bei den Sendern von AFN und BBC genau richtig. Mochten uns auch die Eltern immer wieder das gute deutsche Liedgut empfehlen, der Rhythmus und der Sound rissen uns mit.

Ein Plattenspieler war für viele von uns ein besonderer Wunsch. Und wer ihn erfüllt bekam oder ihn sich selbst erfüllen konnte, der war glücklich. Die schwarzen Scheiben gestatteten das unbegrenzte Hören der Lieblingsmusik. Manche von uns bevorzugten die eingängigen Schlager, man konnte sie nachsingen, sie gingen einem manchmal nicht aus dem Ohr. Andere wendeten sich den englisch gesungenen Titeln zu. Selbst mit diesem Akzent gesungene deutsche Volkslieder stießen plötzlich auf nicht geahntes Interesse.

Wir kannten die meisten Lieder (Songs haben wir damals noch nicht gesagt), kannten die Interpreten und wussten doch noch nicht so viel vom Englischen. Aber das machte gar nichts, wir spürten, dass diese Musik

Chronik

5. März 1953
Stalin stirbt im Alter von 73 Jahren in Moskau.

11. Februar 1954
Der Film „Die letzte Brücke" von Helmut Käutner wird uraufgeführt.

17. Juni 1954
In der Bundesrepublik wird erstmals der „Tag der deutschen Einheit" als gesetzlicher Feiertag begangen.

4. Juli 1954
Die Bundesrepublik wird mit einem 3:2 Sieg über Ungarn in Bern Fußballweltmeister.

28. August 1954
In Frankfurt/Main wird das Goethe-Museum wiedereröffnet.

7. Oktober 1955
Die ersten Spätheimkehrer aus sowjetischer Kriegsgefangenschaft treffen in Friedland ein.

23. Dezember 1955
Der österreichische Spielfilm „Sissi" mit Romy Schneider und Karlheinz Böhm wird in München uraufgeführt.

5. Januar 1956
Die ersten 50 Gastarbeiter aus Italien treffen ein.

18. Januar 1956
Die Volkskammer der DDR beschließt die Schaffung der Nationalen Volksarmee (NVA).

1. März 1957
Mehrere Betriebe der Bundesrepublik führen die 45-Stunden-Woche ein.

18. Juni 1957
Das Gesetz über die Gleichberechtigung von Mann und Frau wird verkündet.

4. Oktober 1957
Die UdSSR starten den ersten künstlichen Erdsatelliten „Sputnik1".

Verführerische Pose an der häuslichen Musiktruhe

unser Gefühl ansprach. Wir machten uns gegenseitig auf die neuesten Hits (so bezeichneten wir die allseits beliebten Titel damals auch noch nicht) aufmerksam.

Als die ersten Fernseher in den Geschäften standen, drängten wir uns vor den Schaufenstern. Die Mattscheibe war klein, das Bild schwarz/weiß, und so richtig konnten wir eigentlich nicht alles erkennen. Stolz waren diejenigen von uns, die bei Bekannten oder Verwandten dem Fernsehen so richtig nah waren, oder deren Eltern einen solchen Kasten in der Wohnung hatten.

Liebe, Abenteuer und Unterhaltung

Wohin gingen wir am Wochenende? Natürlich ins Kino. In jeder Stadt gab es mehrere Kinos, selbst auf die Dörfer kam der Landfilm in den Saal der Gaststätten. Das war für uns immer

ein besonderes Ereignis. Nein, Pommes und Cola gab es nicht. Im Kino saßen wir still und gespannt. Was da über die Leinwand flimmerte, hielt uns in Bann. Den Märchenfilmen waren wir entwachsen. „Der Graf von Monte Christo" mit Jean Marais war da schon etwas Spannenderes. Oder „Das Tor zur Hölle" und „Die Wüste lebt". Um die Liebe ging es viel, wie in den Streifen „Die tolle Lola", „Vom Winde verweht", „Mädchenjahre einer Königin", „Gitarren der Liebe", „Brot, Liebe und Phantasie" und vielen anderen. Über die Kriegszeit erfuhren wir etwas, so bei „08/15" oder „Des Teufels General". Heinz Rühmann flog wieder in „Quax in Afrika". Von „Feuerwerk" war das Lied „Oh mein Papa" in aller Munde. Die „Pferdediebe am Missouri" begeisterten uns ebenso wie „Der Dschungel lebt", der uns nach Indien entführte.

In so manchen Film wurden wir nicht hereingelassen, das Kennzeichen „Jugendverbot" reizte uns aber besonders. „Hochstapler der Liebe", „Gefährliche Schönheit", „Am Anfang war es Sünde" gehörten zum Beispiel dazu. Die Kontrollen waren reichlich streng. Doch so manchen Kartenabreißer konnten wir, die wir noch keinen Ausweis besaßen, mit anderen Dokumenten austricksen. Heimatfilme („Schicksal am Berghof", „Der Förster vom Silberwald") verfolgten wir ebenso wie Handlungen im fernen Osten. Und beim Film „Die kleine Stadt will schlafen gehen" amüsierten wir uns köstlich.

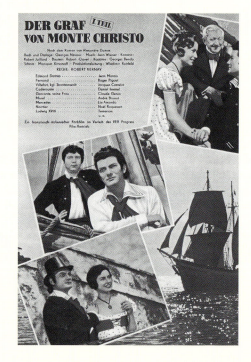

Ein Volksaufstand

Der 17. Juni ist zu einem feststehenden Begriff für die Auflehnung gegen die „Diktatur der Arbeiterklasse", so die offizielle Bezeichnung der Regierenden in der DDR, geworden. Aber gerade die Arbeiter waren es, die sich gegen die Regierenden erhoben. Erhebliche Normerhöhungen waren der Auslöser für die Unzufriedenheit. Die Bauarbeiter in der Berliner Stalinallee begannen am 16. Juni 1953 die Arbeit niederzulegen und zu demonstrieren. Schnell schlossen sich Werktätige anderer Bereiche und Betriebe an. Streiks und Demonstrationen weiteten sich auf das gesamte Gebiet der DDR aus. War es zunächst völlig offen, wie sich die angespannte Lage weiterentwickeln würde, da Partei- und Staatsführung einer solchen Situation nicht gewachsen schien, so war der Einsatz sowjetischer Panzer eine Garantie dafür, dass die Macht der Regierenden in der DDR erhalten werden konnte. Von Seiten der DDR-Führung wurden die Ereignisse um den 17. Juni als westliche Provokation und konterrevolutionäre Aktivitäten bewertet. Seitens der Bundesrepublik war es ein Volksaufstand gegen das verhasste Regime der DDR, und das Datum 17. Juni wurde zu einem Feiertag erhoben.

Da stimmt mit dem Idol alles perfekt überein

Bewegender Rhythmus

Den Kinderliedern waren wir entwachsen und Volkslieder waren auch nicht so unsere Sache, außer bei den Pfadfindern, die auch mit Mundharmonika und Gitarre unterwegs waren. Die bekannten Schlager aus den Filmen der Nazizeit kannten wir noch von unseren Eltern. Doch nun war Neues zu hören. „Heimweh" zum Beispiel von Freddy Quinn, oder „Eventuell" von Caterina Valente. Und wenn sie „Steig in das Traumboot der Liebe" sang, schmolzen unsere Mädchen dahin. Wer von uns kennt überhaupt noch Illo Schieder? Sein „Sieben einsame Tage" haben wir aber noch in Erinnerung. Peter Alexander, Silvio Francesco, Willy Hagara, Bill Ramsey oder Bully Buhlan und viele andere sind uns natürlich ein Begriff.

Mit den Amerikanern waren aber ganz neue Töne zu uns gekommen. Die Klänge und der Rhythmus der Militärband von Glen Miller brachten einen anderen Schwung in uns Jugendliche. Die Musik vom Hazy-Osterwald-Sextett war uns immer präsent. Und mit Elvis Presley hatten viele von uns ein richtiges

Idol gefunden, das sich auch in ihrem Äußeren zeigte. So mancher von uns besorgte sich eine Gitarre und versuchte sich ebenso locker zu geben, seinen Hüftschwung zu kopieren. Seine Stimme und seine Lieder fanden viele Nachahmer. Den richtigen Sound vollbrachte natürlich auch eine Bigband.

„Negermusik" nannten die Erwachsenen abwertend den Jazz, und auch alles, was musikalisch in diese Richtung ging. Wir verstanden nicht, was daran auszusetzen war. Die meisten von uns haben ihre musikalischen Idole bis heute in guter Erinnerung behalten.

Na, ist das eine ganz besondere Erinnerung?

Unterwegs in deutschen Landen

Wir waren in einem Alter, in dem man mehr von seiner Umgebung und seiner Heimat kennen lernen wollte. Mit Klassen, mit Freunden, mit Jugendgruppen gingen wir auf Fahrt. Wir fuhren in die Natur, wir besichtigten Burgen und viele Sehenswürdigkeiten. Ins Ausland ging es damals noch seltener, doch der Reiz des völlig Fremden lockte uns mit der Zeit immer mehr. Nach einem solchen Ausflug fühlten wir auch manchmal die Enge unserer täglichen Umwelt.

Für solche Vorhaben kleideten wir uns natürlich zünftig. Waren die Hosen für uns Jungen zu kurz geworden – als Knickerbocker und mit karierten Kniestrümpfen getragen, sahen sie immer noch ganz schick aus. Die

Gemeinsame Fahrten ...

... zu interessanten Zielen

Gesellschaftsfähig: Abschlussball der Tanzschule

Mädchen trugen natürlich Kleider und Röcke. Auf diesen Ausflügen bildeten sich Freundschaften, und meist waren wir eine ganz lustige Truppe. Wir ließen uns fotografieren, um Erinnerungen fest zu bewahren. Mit der Zeit verblasste die Vergangenheit etwas, neue Eindrücke nahmen uns gefangen. Doch wenn wir heute die Bilder betrachten, dann kehren die Zeiten zurück, dann fragen wir uns, was aus so manchem geworden sein mag, den wir aus den Augen verloren haben. Und eines lässt sich unstreitbar feststellen: Wir lernten mit Freunden unsere Heimat kennen und erinnern uns gern an viele Begebenheiten.

Galant und selbstsicher

Gutes Benehmen und Höflichkeit wurden von unseren Eltern und Lehrern gefordert. Wo konnten wir das besser lernen als in der Tanzstunde? Schließlich wollten wir später nicht nur in einem Beruf zurechtkommen, sondern auch im Privaten die gesellschaftlichen Normen erfüllen. Und nicht zuletzt: Aus dem Spielalter waren wir so langsam heraus, das andere Geschlecht übte immer stärker einen neuen Reiz aus. Einige von uns wussten, wer seine Partnerin oder sein Partner sein würde, manchmal half auch die Vermittlung der Eltern. Doch solches Glück hatten durchaus nicht alle.

Da saßen wir nun. Die Mädchen in einer Reihe, die Jungen gegenüber. Die Aufforderung der Tanzlehrerin oder des Tanzlehrers, eine Wahl zu treffen, brachte Bewegung in die Jungenreihe. Wer noch keine sichere Partnerin hatte, hatte längst mit Blicken seine Wahl getroffen und musste sehen, die Richtige auch zeitig genug zu erreichen. Manchmal mutete es wie ein Wettkampf an und wir kamen uns in die Quere. Doch dann war Höflichkeit geboten: Verbeugung, die Worte „Darf ich bitten?" und der aufrechte Gang zur Tanzfläche.

Zum Tanzkurs gehörte nicht nur das Erlernen der Schritte, Drehungen, der Ausprägung des Taktgefühls, sondern auch der Höflichkeitsformen. Verbeugungen bei den Jungen, leichter Knicks bei den Mädchen, das Reichen des Arms bei den Jungen, die geneigte Annahme desselben bei der Partnerin gehörten dazu. Und so manche Anregung für eine gepflegte Konversation haben wir auch erhalten.

Der Abschlussball der Tanzstunde stellte uns Jungen wieder vor ein Problem: Welche Farbe würde das Kleid der Partnerin haben, damit die Blumen dazu passen? Würden wir mit Krawatte und im Anzug und bei der Aufregung, vor den Eltern zu beweisen, dass wir uns durchaus im Tanz sehen lassen konnten, nicht zu sehr in Schweiß geraten? Bei den jungen Damen war die Spannung nicht geringer. Absatzschuhe gehörten ja nicht zur täglichen Garderobe, ihnen musste man beim Gang besondere Aufmerksamkeit schenken. Das Parkett war glatt. Das Kleid war doch etwas ungewohnt.

Als die Musik einsetzte, war der Höhepunkt unserer Aufregung erreicht. Jetzt galt es, sich auf die Schrittfolge zu konzentrieren und eine Miene aufzusetzen, die allen signalisierte: Für mich ist das kein Problem. Da steckten unsere Eltern die Köpfe zusammen und konnten sich nicht genug über das schöne Paar freuen. Zum Abschluss gab es ein Gruppenbild mit allen Tanzpaaren. Natürlich begleiteten wir jungen Herren die Dame galant nach Hause. Wie sollte man sich nun verabschieden? War ein leichter Kuss unverfänglich genug, oder tat es auch ein Handkuss? In unseren

Familien wurde der Abschlussball ausgiebig besprochen. Wir hatten es jedenfalls geschafft und konnten nun auch bei gesellschaftlichen Ereignissen gebührend auftreten.

Doch die gesellschaftlich akzeptierten Tänze wurden bald durch einen neuen Tanz bei uns in den Hintergrund gedrängt. Der Boogie-Woogie kam wie eine Sturmflut über uns, und viele von uns bewunderten die Könner, die Kaugummi kauend mit beeindruckender Lässigkeit ihre Partnerin herumwirbelten.

Die erste große Liebe

Wir hatten gemeinsam gespielt, gealbert, waren zusammen herumgetollt. Wir Jungen und Mädchen waren vor allem Spielgefährten, Freunde oder gute Kameraden. Natürlich war uns der oder die eine schon besonders aufgefallen. Wir hatten uns aber gehütet, unsere Zuneigung vor den anderen merken zu lassen. Zu leicht konnten wir zu Gelächter und Getuschel Anlass geben, und wir wollten natürlich nicht zum Gespött werden. Doch immer mehr übte auf uns das bestimmte Mädchen oder der bestimmte Junge eine stärkere Anziehungskraft aus. Wir schafften es, uns allein zu treffen, uns von den anderen etwas abzusondern. Wie wunderbar war es doch, zusammen ins Kino zu gehen oder dort baden zu gehen, wo die anderen nicht hinkamen. Was war da nicht alles zu besprechen. Es wurde nun meist später mit unserer täglichen Heimkehr. Auf Fragen unserer Eltern antworteten wir ausweichend, und manchmal musste auch eine kleine Notlüge herhalten. Natürlich kam es nicht gleich zum ersten zaghaften Kuss. Und Händchenhalten in aller Öffent-

 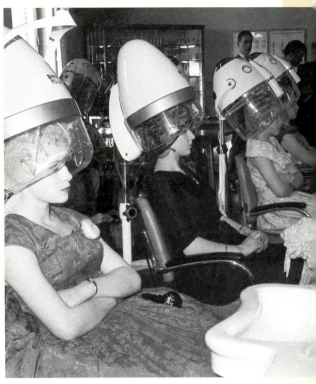

Romantik pur: Verliebt im Grünen   *Reihenweise unter der (Trocken-)Haube*

lichkeit war für uns undenkbar. Wir waren – bei allen Ausnahmen – eben doch eine recht schüchterne, gut erzogene Generation.

Die Zöpfe fallen

Wird ein alter Zopf abgeschnitten, bedeutet das, sich von Althergebrachtem zu trennen. Das ist manchmal schmerzhaft. Schmerzhaft war es aber auch manchmal, wenn unsere Mutter, Großmutter oder größere Schwester die langen Haare der Mädchen durchkämmte und zu Zöpfen flocht. Aber ein Zopf war auch zugleich Zeugnis ihrer Kunstfertigkeit, und sie wussten, ihr Mädchen mit Zöpfen war eben noch ein Kind.

Doch nun war es an der Zeit, einen weiteren Schritt zum Erwachsenwerden zu gehen und der Mode der Zeit Rechnung zu tragen. Vor der Konfirmation kam das auf keinen Fall in Frage. Nun aber war der Gang zum Friseur unvermeidlich. Als die Schere ihr Werk begann, war das für die Mädchen zumindest bedenklich, sogar ein wenig Trauer machte sich breit. Was sollte danach kommen? Dauerwelle war modern, an Bubikopf erinnerten sich unsere Mütter auch noch. Doch was war angemessen? Es wurde jedenfalls kurz und auf alle Fälle schön. Ungewohnt war es zunächst schon, und nicht jede fühlte sich gleich so richtig wohl. Doch das Spiegelbild zeigte: Wir waren wieder ein Stück erwachsen geworden.

15. bis 18. LEBENSjahr

Unterschiedliche Erfahrungen

Es gehört zu den Besonderheiten in Deutschland, dass sich die Entwicklung vieler Kinder und Jugendlicher innerhalb von 40 Jahren unter ganz unterschiedlichen politischen Verhältnissen und damit auch auf verschiedene Art vollzog. Bereits mit den Besatzungsmächten und der Bildung ihrer Besatzungszonen zeichneten sich differenzierte Wege ab. Machten die Kinder bereits mit den amerikanischen, britischen und französischen Soldaten unterschiedliche Erfahrungen, so stand die Begegnung mit Soldaten der Roten Armee unter einem besonderen Stern.

Die Angst vor dem Kommunismus und Bolschewismus saß tief, viele Menschen flüchteten bereits bei dem Näherkommen der östlichen Front mit ihren Kindern in die westlichen Teile Deutschlands, nach Kriegsende in die westlichen Besatzungszonen, und auch nach der Gründung zweier deutscher Staaten hörte die Flucht nicht auf. War „im Westen", wie man allgemein sagte, vor allem der amerikanische Einfluss groß, so wurde im Osten Deutschlands die sowjetische Herrschaft als Vorbild für eine erstrebenswerte Ordnung gesehen. Dementsprechend wirkten auch unterschiedliche, ja geradezu gegensätzliche Einflüsse auf Kinder und Jugendliche. Und das in allen Bereichen des Lebens. Die Kinder in der DDR wurden in der Mehrzahl Junge Pioniere, mit dem entsprechenden Alter wechselten sie meist ganz automatisch in die Freie Deutsche Jugend (FDJ). Es war keinesfalls so, dass deren Mitglieder das als Zwang empfanden. Bei den Pionieren wurden Spiele gemacht, es wurde gesungen, gewandert und gezeltet. Die Ferienlager fanden einen großen Anklang. Es gefiel sogar Kindern aus dem westlichen Teil Deutschlands bei solchen Ferienaufenthalten.

Während im westlichen Teil die Erziehung auf eine individuelle Entwicklung im Sinne eines demokratischen Verständnisses gerichtet war, war sie im östlichen Teil auf ein Kollektivbewusstsein orientiert. Gegenseitige Hilfe, Solidarität, Übernahme von Verantwortung waren wichtige und erstrebenswerte Ziele der jugendlichen Entwicklung. Mit der zunehmenden Abgrenzung zwischen der Bundesrepublik und der DDR wurden natürlich auch die Einflüsse der entgegengesetzten Seiten stärker und unvermeidlich.

Konnte man uns da widerstehen?

Weite und schwingende Kleider

Halbstarke und Teenager

Wer von den Mädchen schick sein wollte, trug Rock oder Kleid weit und schwungvoll. Getanzt wurde natürlich keinesfalls in Hosen. Was gab es da für uns doch für eine tolle Neuerung: den Petticoat. Es war nicht leicht, ein solches Stück immer in die richtige Fasson zu bringen. Waschen, stärken, bügeln erforderten einiges Geschick. Zu viel durfte nicht gestärkt werden, die Gefahr für die guten hauchdünnen Strümpfe war nicht zu unterschätzen. Wer für mehr Weite sorgen wollte, trug auch mal zwei oder drei Petticoats übereinander. Was war es da für ein Segen, dass die chemische Industrie helfen konnte.

Petticoats aus Schaumstoff wurden zum Renner und heiß begehrt. Sie waren leicht und praktisch. Und wenn die Mädchen zusammen durch die Straßen gingen, waren sie sich der bewundernden Blicke der männlichen Verehrer sicher.

Je älter wir wurden, umso mehr gingen wir unsere eigenen Wege und wollten das auch in unserem Äußeren zum Ausdruck bringen. Der amerikanische Einfluss ließ sich nicht über-

Beneidenswert, wer Gitarre spielen kann

Was sich liebt ...

sehen. Die Mädchen trugen enge Dreiviertelhosen und Pferdeschwanz, der bei musikalischen Klängen so richtig wippte. Die Hosen konnten ruhig gestreift und bunt sein. Wir Jungen fanden uns in taillengeschnittenen Lumberjacks schick. Mit einer Frisur wie Elvis oder James Dean kamen wir bei den Mädels groß raus, auch wenn die morgendliche Toilette nun etwas länger dauerte. Mit einer Zigarette lässig im Mund vervollständigten viele von uns ihr Outfit.

In Gruppen standen wir zusammen, ob auf dem Dorfanger oder einem Platz in der Stadt. Wer ein Kofferradio sein Eigen nannte, sorgte unter uns für die richtige Stimmung. Die Erwachsenen schüttelten die Köpfe und bedachten uns auch sogleich mit Namen: Halbstarke. Dabei fühlten wir uns ganz stark, und manchmal gingen wir vielleicht auch etwas zu weit. Doch das war nichts gegen heutige Auseinandersetzungen unter Jugendlichen. Natürlich fühlten wir uns in der Clique wohl. Aus den absolut meisten von uns ist aber wirklich etwas geworden, und gern denken wir an diese Zeit zurück.

Aus uns ist etwas geworden

Ja, das waren Ausschnitte aus unserer Kindheit und Jugend. So mancher von uns hat viel erlebt, das in diesem Buch keinen Eingang gefunden hat. Viele mussten Schwereres durchmachen, manche hatten es leichter. Jeder von uns hat aber seine spezielle Erinnerung, jedem hat sich etwas Besonderes eingeprägt. In uns allen aber hat diese Zeit nachgewirkt. Und wenn wir gefragt werden, warum wir dieses und jenes so tun, wie wir es tun, warum wir so und nicht anders denken, dann schwingt auch darin mit, was uns begleitet und geprägt hat. So manches Bild, das wir unseren Kindern und Enkeln zeigen, so manche Erzählung, die

Vier Generationen, die zwei Kriege überlebt haben

sie interessiert aufnehmen, ruft manchmal Belustigung, manchmal Bewunderung hervor. Doch ihre Zeit ist eine andere. Wer von uns wäre damals schon freiwillig mit einem Rucksack zur Schule gegangen? Wer von uns hätte je gewagt, sich in einer WG einzumieten? Wer von uns hätte aber nicht auch gern alle die Möglichkeiten genutzt, die Kinder und Jugendliche heute haben?

Nein, neidisch sind wir nicht. Jeder wird in seine Zeit hineingeboren, in die er ganz selbstverständlich hineinwächst, in der er sich einzurichten lernt, mit der er mitgeht oder mit der er vielleicht etwas später auch hadert. Doch das Prägende in seinem Leben kann keiner von uns vollständig verleugnen. Zu Kriegsbeginn wurden wir geboren, nach Kriegsende eingeschult. Der Nachkriegszeit verdanken wir die vielfältigen Eindrücke unserer Kindheit und Jugend. Auch wir haben Erzählungen unserer Eltern und Großeltern gehört. Was davon hat uns wirklich im tiefsten Inneren erfasst? Wie tief saß und sitzt der Satz: Nie wieder Krieg, nie wieder eine Waffe in die Hand nehmen? Zeiten ändern sich, Menschen auch. Wirkliche Geschichte lebt aber eben von Einzelschicksalen. Und wir sind ein winzig kleiner Teil davon. Wenn wir unseren Kindern und Enkeln dieses Buch zeigen, ihnen erzählen, was wir selbst noch so erlebt haben, vielleicht auch dabei in unseren Fotoalben blättern, dann werden sie uns und unsere Zeit möglicherweise ein wenig besser verstehen können.

Verschenken Sie Kindheits- und Jugenderinnerungen ...

Das ganz persönliche Geschenkbuch **„WIR vom Jahrgang"** ist erhältlich für alle Jahrgänge von **1922 bis 1989**
Die Reihe wird fortgesetzt.

Die Jahrgangsbände gibt es auch als Ausgabe **„Aufgewachsen in der DDR"**.
Geschrieben von Autoren, die selbst im jeweiligen Jahr geboren wurden und ihre Kindheit und Jugend in der DDR verbracht haben. Erhältlich für alle Jahrgänge von **1935 bis 1979**
Die Reihe wird fortgesetzt.

Die Stadt, in der wir aufgewachsen sind, ist so ganz anders als alle Städte dieser Welt ...

Die neue Buchreihe **„Aufgewachsen in ..."** – ein Geschenk für alle, die sich gerne an die Kindheit und Jugend in ihrer Stadt erinnern.

Für Berlin, Bremen, Chemnitz, Dresden, ...
... und viele andere Städte in Deutschland!
Für verschiedene Dekaden 40er & 50er, 60er & 70er ... erhältlich.

Unsere Bücher erhalten Sie im Buchhandel vor Ort oder direkt bei uns:
Wartberg Verlag GmbH & Co. KG
Im Wiesental 1, 34281 Gudensberg-Gleichen,
Tel.: 05603/93 05-0, Fax: 05603/93 05-28
E-Mail: info@wartberg-verlag.de
Online-Shop: www.wartberg-verlag.de

www.kindheitundjugend.d